戦国時代の
タイムライン

スエヒロ
監修／**本郷和人**

朝日新聞出版

織田 信長 @oda-nbng・1582/6/21
本能寺で寝ていたのだけど、めちゃくちゃ外が騒がしい。これってもしかして謀反か？？

めっちゃ水色桔梗（みずいろききょう）の旗印が見えるし…

💬 1　　🔁　　⬙　　🎴

 明智 光秀 @akechi-m・1582/6/21
水色桔梗の旗印といえば私ですね！

```
__人人人人人人人人人人__
＞　敵は本能寺にあり！　＜
 ̄Y^Y^Y^Y^Y^Y^Y^Y^Y^Y ̄
```

ってやつですよ、殿！！

💬 1　　🔁　　⬙　　🎴

 豊臣 秀吉 @hide-yoshi・1582/6/21
ええー、光秀殿マジですか？？謀反を起こしたってこと？？これはやばい…

いま中国攻めの最中なのですが、早く帰ったほうが良さそうな気がしてきました。

💬 1　　🔁　　⬙　　🎴

 徳川 家康 @tk-ieyasu・1582/6/21
なんとなんと…。

まさか光秀殿がサプライズ謀反とは…

しかし、これは「鳴くまで待とうホトトギスチャンス」かも…？最後に天下を取るのはこの家康かもしれませんな、フフフ。

💬　　🔁　　⬙　　🎴

もし、あの戦国武将が SNSをやっていたら……?

【速報】織田信長氏が討ち死にか　謀反で本能寺が炎上

　……こんな通知がスマホに届いたら驚きますよね。しかし、もしも戦国時代に現代のようなスマホやSNSがあったとしたら、きっと合戦や謀反の知らせがスマホに届けられていたはずです。人々は手のひらの小さな端末で、戦国武将たちの動向を知っていたのではないでしょうか。

　SNSで情報を発信するのはテレビ局や新聞社などだけではありません。芸能人や著名人などが、自ら発信することも多く見られます。**本人の発する言葉が、直接届けられる。**これもSNSの面白さの一つです。戦国時代ならば、きっと武将たちが自分たちのアカウントで様々な声を発信していたことでしょう。

　本書は、日本の歴史で最も人気のある「戦国時代」を、現代人が慣れ親しんでいる形式で紹介します。武将たちの「タイムライン」を通じて、彼らが生きてきた時代を覗いてみましょう。

さあ、スマホの中の「合戦」に出陣だ!

もくじ

第①章 乱世の夜明け
1467年〜

第②章 割拠する群雄
1560年〜

第③章 幕府滅亡、そして
1570年〜

この本の読み方

① まずはニュースをチェック！

各章のトビラの右ページにある「BUSYOOニュース」で、その章の主なできごとをざっくり確かめよう

1575年

長篠の戦い

「刀剣」から「鉄砲」の時代へ

「戦国最強」武田騎馬隊が敗北 —— 長篠の戦いは、日本で初めて鉄砲が大量に使われた合戦とされる。ゲームチェンジの一戦を見ていこう。

家を継いだ四男
長男の義信が継ぐ予定だったが、謀反が疑われ、信玄によって幽閉。二男は目が不自由だったため出家、三男は夭逝してしまったため、四男の勝頼が家を継いだ。

武田 勝頼
@tk-katsuyori フォローされています

武田信玄の四男・勝頼です。甲斐武田家第17代当主。母方の諏訪氏を継いで高遠城の城主をやっていましたが、天正元年に父が陣没した際に家督を継いでおります。父が偉大というか有名すぎるので色々苦労もありますが、「甲斐の信玄が病死したその後は続くまい」なんて言われないよう、一生懸命頑張っていきたいと思います！

🏯 高遠城
📅 天文15年よりBushitterを利用しています。

1,546 フォロー中　**1,582** フォロワー

山県昌景さん、武田信豊さん、穴山信君さん、他2名にフォローされています。

書状	書状と返書	絵巻物	あっぱれ

武田 勝頼 @tk-katsuyori・1575/6/30
父親の武田信玄ですが、死ぬときに「ワシの死を3年隠せ」っていう遺言を残していった話は結構有名だと思いますが、ただマジでめちゃくちゃ早くバレたんですよね。。
葬儀も先送りして、かつ影武者とか使ったりしてだいぶ頑張ったのですが。。

人の噂の広まるは疾きこと風の如し。

② 次にプロフィールをチェック！

武将たちの個性豊かな自己紹介で、人物像をつかもう。ちなみに「フォロー中」の数字は生まれた年を、「フォロワー」の数字は死没した年を表している

62

戦国武将たちが生まれた年からアカウントをもち、そしてなぜか自らの死後も投稿することができるSNS「Bushitter」。この本では、そのアプリ画面を通じて戦国時代を学んでいきます。

③ 最後にタイムラインをチェック!

投稿と返信を追い、時代を動かした戦を振り返ろう。投稿日より未来のことを言っている場合もあるが、気にしない。たまに、プロフィールがない武将が現れることも?

タイムライン・長篠

鉄砲隊vs騎馬隊、その勝者は?

22:43

← 書状と返書

織田 信長 @oda-nbng・1575/6/29
1575年、三河の設楽原において織田信長・徳川家康の連合軍と武田勝頼が戦った合戦が「長篠の戦い」だな。

> 「長篠合戦図屏風(模本)」。19〜20世紀作。東京国立博物館蔵。

♡1 ↻ 👁 ⬡

武田 勝頼 @tk-katsuyori・1575/6/29
父・信玄の跡を継いだ私・武田勝頼。

家康が占領する三河に侵攻しておりました。その中で、長篠の西に位置する設楽原で織田・徳川連合軍と激突することに。

♡1 ↻ 👁 ⬡

織田 信長 @oda-nbng・1575/6/29
我々は鉄砲を主力として用いることを計画しており、1000丁の鉄砲を準備しておった。

馬防柵と呼ばれる馬での通行を妨げる防御設備も設置して、武田軍を待ち構えたのだな。

♡1 ↻ 👁 ⬡

> 馬防柵
> 2kmもの長さにわたって築かれていた、とも言われている。

63

👍 ついでにここもチェック!

• 「甲斐」「三河」などの地名の場所がよくわからないときは、P136の「旧国名地図」をみてみよう
• 「天文」「永禄」などの元号がいつごろなのか気になったときは、P138の「和暦・西暦対応表」をみてみよう

※人物の年齢は数え年で表記しています。
※本文に説明があるものを除き、タイムライン上の掲載画像はイメージです。

第 ① 章

乱世の
夜明け

1467年〜

　時は室町時代。幕府の後継者争いに始まっ
た「応仁の乱」は各地を荒廃に導き、乱世へ
の「扉」を開いた。あらたに権力を握るべく、
日本の中心・京をめざす大名も出現。武将た
ちが力ずくで領土を争う戦国時代が、幕を開
ける！

7:21

書状と返書

←

BUSYOOニュース @busyo-news-topics
【応仁の乱】細川勝元と山名宗全が対立し影響広がる、全国規模の騒乱に
news.sengokuu.jp/article/detail...

足利将軍家や幕府管領家の後継ぎ問題が原因となり、細川勝元と山名宗全が対立。戦乱は京都から全国規模に拡大しており、将軍家の権威にも影響が出ると見られる。

🗨 1   ⇄   ◉   🏮

BUSYOOニュース @busyo-news-topics
【下剋上が流行】北条早雲、斎藤道三らが台頭、新時代の到来か
news.sengokuu.jp/article/detail...

相模を統一した北条早雲、美濃から守護・土岐頼芸を追放した斎藤道三など、戦国時代のニューカマーたちの活躍が注目を集めている。今後さらなる下剋上が続くと予想される。

🗨 1   ⇄   ◉   🏮

BUSYOOニュース @busyo-news-topics
【三好政権】三好長慶が政権を樹立、足利義輝は京を追われる
news.sengokuu.jp/article/detail...

三好長慶が京周辺を支配し、三好政権を樹立することがわかった。これまで擁されていた12代将軍足利義晴、ならびに13代将軍足利義輝は長慶に追われて近江に逃れた。

🗨 1   ⇄   ◉   🏮

応仁の乱

京都で11年間つづいた戦争

エリートvs武神——将軍の跡継ぎ争いを主導したのは、ふたりの武将だった。11年もの間、いったい何があったのか。

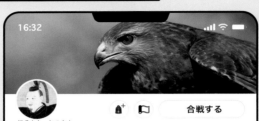

16:32

🔖⁺ 🚩 合戦する

ほそかわ かつもと
細川 勝元

@hosokawa-km　フォローされています

室町幕府管領。応仁の乱では東軍の総大将をやっている。16歳の時から管領をやっていて、就任歴は3回。管領キャリア通算23年のベテラン(笑)。龍安寺、龍興寺の創建にも携わっていて、好きなものは和歌、絵画、鷹狩、犬追物など。最近は医術の研究にもハマっていて「霊蘭集」って医書も執筆していたりするのでよろしくどうぞ。

🏯 花の御所
🎴 永享2年よりBushitterを利用しています。

1,430 フォロー中　**1,473** フォロワー

 朝倉孝景さん、春林寺殿さん、他4名にフォローされています。

書状　　**書状と返書**　　絵巻物　　あっぱれ

多趣味で博学
りょうあん じ せきてい
龍安寺は石庭で有名な世界遺産。鷹狩は、訓練した鷹を使って獲物を狩ること。犬追物は、馬に乗った状態で犬を矢で狙うスポーツ。

細川 勝元 @hosokawa-... ・ 1472/11/22
けいちょう じ
【細川京兆家豆知識】細川京兆家の当主をやっているが、室町幕府から管領職の任命を受けているため、管領細川家と呼ばれたりもするのだな。ちなみに「京兆」というのはお役所の役職名のことなのだが、細川家当主が代々その官位に任じられていたことに由来していたりする。
#戦国豆知識 #由来 #細川京兆家

エリート一族
かん れい
管領は、室町幕府で将軍に次ぐNo.2の役職のこと。細川家は代々、政府の中枢で活躍してきた。

16:32

▐▌＋ 🏳 　合戦する

山名 宗全

@yamana-souzen フォローされています

山名持豊といいます。 宗全という名前は法名です。
応仁の乱では室町幕府の9代将軍・足利義尚さんを立
てて西軍として戦っているほか、過去に起きた将軍暗
殺事件では、幕府側の追討軍なんかにも参加していま
す。知り合いの一休宗純さんからは「毘沙門天の化身」
なんていう風にも呼ばれたりしています、テへへ。お
気軽に西軍にご参加ください！

🏯 西陣

📷 応永11年よりBushitterを利用しています。

1,404 フォロー中　**1,473** フォロワー

　一休宗純さん、山名教豊さん、足利義教さん
、他93名にフォローされています。

書状　　**書状と返書**　　絵巻物　　あっぱれ

　山名 宗全 @yamana-sou.. ・1472/9/11
出家してから入道スタイルで白い布を身につ
けている事が多いのですが、もともと赤ら顔
なので巷では「赤入道」なんて呼ばれている
らしいです。赤入道って百鬼夜行にでてくる
妖怪だよね？検索してみたけどショック…。

将軍暗殺事件
6代将軍の足利義
教を、赤松満祐が暗
殺した事件（嘉吉の
乱）。山名宗全は、
そのあと組織された
対・赤松満祐の追討
軍にいた。

毘沙門天の化身
毘沙門天は、戦いの
神・武神として信仰
されている神様。そ
のぐらい強い、とい
うこと。

タイムライン・応仁の乱

東軍、西軍の総大将が振り返る

← **書状と返書**

 細川 勝元 @hosokawa-km・1467/3/3
応仁の乱といえば応仁元年(1467年)に、全国の諸大名が2つに分かれて争った内乱だが、この騒動から「戦国時代」が始まったとされているのだな。

💬 1　　　　

「戦国時代」っていつから？
応仁の乱を始まりとする考えが一般的だが、1493年に室町幕府で起きたクーデター「明応の政変(めいおうのせいへん)」を始まりとする考えなどもある。

 山名 宗全 @yamana-souzen・1467/3/3
ども、細川さん！そうですね、細川さんと私が主に戦ったやつですね。戦国時代の始まりについては最近の研究では諸説あるらしいのですが、とても有名な合戦ですよね。誇らしい気分です。えへへ。

💬 1　　　　　　

 細川 勝元 @hosokawa-km・1467/3/3
うむ。そもそもどういう経緯でこの騒動が始まったかというと、いわゆる、

「後継者の代理戦争」

なんだな。当時、8代将軍・足利義政(あしかがよしまさ)には、なかなか実子に恵まれない状況が続いていたのだな。

💬 1　　　　

銀閣寺(ぎんかくじ)を建てた人
8代将軍・足利義政(あしかがよしまさ)は、京都の名所でおなじみの銀閣寺を建てた人。ちなみに銀閣寺の正式名称は東山慈照寺(ひがしやまじしょうじ)。

 細川 勝元 @hosokawa-km・1467/3/3
そこで義政は、弟である足利義視(あしかがよしみ)を養子とすることで後継の候補にしていたのだな。

そしてその義視さんの後見として指名されていたのが……

わし、細川勝元というわけだ。

💬 1

細川 勝元 @hosokawa-km・1467/3/3
ちなみに後見というのは、

家督を継いだ主君が幼少だった場合などに、本人に代わって領地を治めたり、軍を束ねたりする役割

のことだな。要は実質的に統治する人といえるわけだ。

♡ 1

 山名 宗全 @yamana-souzen・1467/3/3
ところがですね…。

その後、義政さんに実子の義尚が生まれるわけです。その義尚さんの後見を求められたのが私、山名宗全。こうして細川勝元と山名宗全の2陣営による「後継者の代理戦争」の対立構図ができたわけですね。

♡ 1

 細川 勝元 @hosokawa-km・1467/3/3
当時、細川氏は8カ国の守護、山名氏は9カ国の守護を務めており、拮抗する勢力だったのだな。
当初は協調路線だったが、内紛等もあって徐々に対立が露わになっていったのだな。

♡ 1

 山名 宗全 @yamana-souzen・1467/3/3
そうして対立が激化していき、全国の諸大名が細川派と山名派に二分して争う

```
＿＿人人人人人人＿＿
＞　応仁の乱　＜
￣Y^Y^Y^Y^Y￣
```
に発展したわけですね。

♡ 1

男子ができたと思ったら…
足利義政が弟を後継者に指名したその翌年に、男の子の義尚が誕生。弟と息子の陣営で対立することになった。

守護
幕府によって、各国に配備された役職のこと。都道府県知事のようなもの。

細川 勝元 @hosokawa-km・1467/3/3
応仁元年に始まったので「応仁の乱」と呼ばれるわけだが、結局この内乱は1467年（応仁元年）から1477年（文明9年）までの11年間にわたって繰り広げられた。

それにより京は焼け野原になってしまったわけだ。すまんな…。

「真如堂縁起」応仁の乱合戦場面。1524年作。重要文化財。真正極楽寺蔵。

 1　　　　

 山名 宗全 @yamana-souzen・1467/3/3
京の町では足軽による食糧運搬路の切断や放火といった破壊活動が繰り返され、寺社や公家の邸宅などを含め町の大半が焼失。

「二条より上、北山東西ことごとく焼野の原と成て、すこぶる残る所は将軍の御所計也」（応仁略記）

と記されるほどに。ちょっとやりすぎましたね…。

足軽による
破壊活動
軽装のためゲリラ戦が得意な足軽。応仁の乱で登場したと言われるが、統率が取れず、放火や略奪などの狼藉を働くこともあった。

 1　　　　

 山名 宗全 @yamana-souzen・1467/3/3
当初は義政も擁していた東軍の方が優勢でしたが、跡継ぎとされていた足利義視が幕府を脱出して西軍側についてしまい…。
そうして戦いは互角の状態のまま、長期化していくことになりました…。

 1

細川 勝元 @hosokawa-km ・ 1467/3/3
1472年頃になり、ようやく和解への動きが出始めたのだが、和議が成立する前に我々は没しちゃうのだな。

 山名 宗全 @yamana-souzen ・ 1467/3/3
荒らすだけ荒らしておいて、ほんとすいません…。
我々の死から4年後に、ようやく応仁の乱は収束するわけです。

 細川 勝元 @hosokawa-km ・ 1467/3/3
応仁の乱の影響は大きく、将軍・幕府の権威は大きく失われ、幕府体制・荘園制といった仕組みも瓦解。

一方、幕府に不信感を抱いていた地方の有力武士たちが力をつけていくことになるのだな。

 山名 宗全 @yamana-souzen ・ 1467/3/3
地方の武士や有力者などが勢力を増し、領地を支配していくことで、

「戦国大名」

と呼ばれるようになっていくわけですね。なるほど、戦国時代のはじまりですね。

 細川 勝元 @hosokawa-km ・ 1467/3/3
ひとつの契機をつくったのは確かだな。京の町は燃えてしまったがな！

和議の前に亡くなった
1473年、まず山名宗全が70歳で病没。その後を追うようにして、同年に細川勝元が44歳で病没した。

荘園制
日本で長く続いていた、土地の所有に関する制度。奈良時代の「墾田永年私財法」により始まった。

応仁の乱の後、幕府は？
結局、9代将軍は西軍の足利義尚が継いだ。しかし10代将軍・義植の時代に、管領・細川政元（勝元の子）によるクーデター（明応の政変）が発生し、幕府の権威は失墜していった。

下剋上の流行

「強い者勝ち」の時代が始まる

下剋上の代表例が「伊豆討ち入り」と「美濃国盗り」だ。後者の主犯はマムシこと斎藤道三。しかし、国を盗むとはどういうことだろう？

22:12

北条 早雲
ほうじょう そううん

@houjyo-sou-un フォローされています

相模のほうで戦国武将やっています。まわりからは「戦国時代は北条早雲の下剋上からはじまった」「戦国大名第一号」なんて呼ばれていたりしますが、一介の浪人から成り上がった庶民派タイプです。趣味は京都の寺で修行したり、南北朝時代の軍記物・太平記みたいな軍記物を読んだりすることです。まわりからは新九郎って呼ばれたりもします。

 相模 小田原城

永享4年よりBushitterを利用しています。

1,432 フォロー中 **1,519** フォロワー

足利義政さん、今川氏親さん、他4名にフォローされています。

書状　　**書状と返書**　　絵巻物　　あっぱれ

北条 早雲　@houjyo-so... · 1518/11/22
【お知らせ】一介の浪人から出世したというのがこれまでの私の定説でしたが、近年の研究では室町幕府の政所執事なんかを務めていた武家の名門・伊勢氏が出自であるという考えが主流となっているそうですね。
わたし、まあまあええとこの出身だったのですね…！
#近年の研究 #意外と身分が高かった説

実は名門出身？
新説では、幕府の命令で駿河に向かい、相模を平定したという。下剋上もしていないし、生まれた年ももう少し後（1456年）になっている。

16:32

MAMUSHI

合戦する

斎藤 道三
@dousan-mamushi フォローされています

美濃在住・下剋上系男子。あだ名は「美濃のマムシ」。もともとはお寺に入って修行してたが、還俗して山崎屋って名前で油売り商人やっておった。その後は長井長弘の家臣に登用されて、守護の土岐氏周辺に仕えてキャリアを積む。現在は土岐頼芸を尾張へ追放して美濃の国主を務めておる。マムシだけに毒殺は得意だが、実子との付き合いは苦手である。

📍 稲葉山城
🗓 明応3年よりBushitterを利用しています。

1,494 フォロー中　**1,556** フォロワー

織田信長さん、帰蝶さん、斎藤義龍さん、他231名にフォローされています。

書状　　**書状と返書**　　絵巻物　　あっぱれ

斎藤 道三　@dousan-m... ・ 1555/2/12
油売りをしていた当時は、油を注ぐ時に漏斗を使わずに一文銭の穴を通して油を注いで、もし油をこぼしたら代金はもらわないというパフォーマンスをやっていたな。懐かしい。

キャリアアップ
長井長弘は、美濃で守護に次いで力をもっていた武将（守護代）。土岐氏は美濃の守護。

実は「二代目」だった？
1960年代に発見された資料では、この成り上がり伝はすべて彼の父親のエピソードということになっている。斎藤道三は「マムシの息子」だったのかも。

11:45

←　　　　　　　　書状と返書

北条 早雲 @houjyo-so... ・1518/10/11
どうも、北条早雲です。

いよいよ戦国時代、その代名詞と言えるのが「下剋上」ですね。地位が下の者が上の者を打倒して権力を奪う行為ですが、この下剋上で成り上がった戦国大名第一号とも言われているのが私です。

💬 1　　　↻　　　　👁　　　　🏵

北条 早雲 @houjyo-so... ・1518/10/11
駿河の今川義忠を頼って下向していた私は、義忠が亡くなったあとに起きた家督争いの際に活躍。

のちに今川家の当主となる今川氏親(龍王丸)の家督相続を助け、その功績から興国寺城の城主になったのですよね。

💬 1　　　↻　　　　👁　　　　🏵

北条 早雲 @houjyo-so... ・1518/10/11
さらに足利政知の後継者争いの際には、これを収める活躍を果たしました。いわゆる

「伊豆討ち入り」

と呼ばれる一件で、下剋上の象徴とも呼ばれている出来事です。

💬 1　　　↻　　　　👁　　　　🏵

北条 早雲 @houjyo-so... ・1518/10/11
その後もさらに版図を広げていきました。ちなみに領地の水田や畑などを調査して、収穫量を調べる「検地」を初めて行った武将も私と言われています。
スゴイでしょ。

💬 1　　　↻　　　　👁　　　　🏵

駿河で活躍
都（京都）から駿河（静岡県の一部）など、地方に行くことを「下向」という。反対に、都に行くのは「上洛」。

伊豆討ち入り
幕府の出先機関として伊豆を治めていた足利政知の死後、その息子・茶々丸は跡継ぎ争いで母や兄弟を殺すなどの暴挙に出ていた。北条早雲は幕府の命令で伊豆に侵攻し、茶々丸を討った。

斎藤 道三 @dousan-m... · 1544/3/10
北条早雲殿と並び立つ下剋上の体現者といえば、ワシ、斎藤道三だな。

寺での修行を経て、油売りの行商に転身したのだが、修行時代のコネクションを使い、美濃の長井長弘に仕官したのがワシの出世の始まりだ。

 斎藤 道三 @dousan-m... · 1544/3/10
美濃の中枢に潜り込んだワシ。
次に土岐頼武との守護職の相続争いに敗れ、失意のうちにいた弟・土岐頼芸に近づいて、こやつを支援したのだな。

ワシの助けで頼芸は守護となり、美濃におけるワシの立場も更に強まったわけだ。

兄弟の相続争い
長男・土岐頼武との戦い。父の政房は次男の頼芸に跡を継がせようとしていたが、頼芸は兄に敗北を喫していた。

 土岐 頼芸 @toki-yorin... · 1544/3/10
そうでしたね…。
兄を攻めるにあたって道三氏の力はとても大きかったのですが、あまりの狡猾さに正直慄きました…。

特に主君の長井長弘を道三氏が暗殺して、その長井氏の名跡を道三氏が継いだあたりから本当に怖くなってきましたね…。

 斎藤 道三 @dousan-m... · 1544/3/10
名跡を継ぐことで地位をあげるのがワシのやり方だからな。

次いで守護代だった斎藤氏の名跡も継ぎ、ご存知「斎藤道三」となったわけだ。

そしていよいよ美濃国盗りに迫るわけだな。

土岐 頼芸 @toki-yorin... ・ 1544/3/10
当時、美濃は守護の座を巡って土岐家内でも争いが多かったんですよね。

私も、兄・土岐頼武に対して挙兵して越前（えちぜん）に追放、守護の座を奪うなど国内は本当に不安定な状態だったんですよ。

そんな状況の中、私の弟・土岐頼満（とき よりみつ）が道三氏によって毒殺されるという事件が起きたんですよね。

　1 　　　　

斎藤 道三 @dousan-m... ・ 1544/3/10
うむ。ワシはそういうのが本当に得意なタイプだからな。まさにマムシだな。

　1 　　

なぜ「マムシ」？
猛毒の使い手であることに加え、「主君を倒して成り上がるさまが、母の腹を食い破って生まれてくるマムシのようだから」という意味もある。

土岐 頼芸 @toki-yorin... ・ 1544/3/10
そのドヤ顔やめてくださいね…。
兎にも角にもこの毒殺事件によって、道三氏と私の対立も本格化しちゃったわけです。

その後、兵を集めた道三氏が私の居城である大桑城（おおがじょう）への攻撃を行い、結局私は尾張に追放されてしまいました。

　1 　　

斎藤 道三 @dousan-m... ・ 1544/3/10
これによりワシは事実上、美濃の国主となったわけだ。まさに国盗りサクセスストーリーだな。ドヤ顔のワシの肖像をあげておくぞ！

斎藤 道三 @dousan-m... · 1544/3/10
美濃を手中に収めたワシだが、時代は戦国の世。そうのんびりとしておられんかったわけだ。お隣の国、尾張の織田信秀との争いはさらに激化していったのだが、ここで登場するのが…

あの織田信長だな。

> 信長の父と対立
> 信長の父・信秀は「尾張の虎」と呼ばれていた大名。だが、斎藤道三と戦って大敗した過去がある（加納口の戦い）。

斎藤 道三 @dousan-m... · 1544/3/10
織田氏との和睦のため、ワシの娘である帰蝶を信長に嫁がせたのだが、「うつけもの」と評されていた信長の印象は違ったな。
ワシとの会見の場にはうつけものどころか正装姿で会いにきよったのだ。凄いやつじゃ。

斎藤 道三 @dousan-m... · 1544/3/10
その後、ワシは家督を譲った長男・義龍との不和が顕在化。挙兵しよった義龍によって討たれてしまうわけだ。

下剋上でのし上がったワシが、息子に討たれて最期を迎える。これもまさに戦国武将らしい最期だな…。

三好政権の誕生

「親の仇」に仕えた男の一生

「応仁の乱」以後、初めて政権を支配した三好長慶。その動機は、父を殺した主君への復讐だった。彼が迎えた結末は……

16:32

三好 長慶

@miyossy-n フォローされています

三好政権代表の三好長慶と申します。
父・三好元長が亡くなったあと若くして三好家を継いでいます。細川晴元に仕えていましたが対立して後にしりぞけました。現在では畿内・四国にわたって8ヵ国を支配しています。
趣味→ 和歌 / 連歌 / 茶 / 文芸全般 etc.. 教養人系、文化人系のフォロワー大歓迎！！！

🏯 京都

大永2年よりBushitterを利用しています。

1,522 フォロー中　**1,564** フォロワー

足利義輝さん、三好実休さん、三好義興さん、他31名にフォローされています。

書状	書状と返書	絵巻物	あっぱれ

三好 長慶 @miyossy-n... · 1562/3/30
この間、連歌会の最中に弟・三好実休の訃報を聞いてめちゃくちゃ焦ったのですが、その時辛うじて付句したのがこちらです。

下の句「蘆間に混じる薄ひとむら」
　　上の句「古沼の浅き方より野となりて」

我ながらうまく詠めた気がする。

うまく詠めた歌
「葦の茂みの間にススキが混じる一帯がある」という下の句に対し、「古沼が浅いほうから野に変わっている」という上の句を付けた。周囲からの評判も良かったとか。

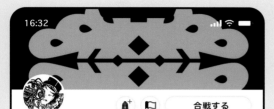

細川 晴元（ほそかわ はるもと）

@harumoto-hskw フォローされています

阿波生まれの戦国武将です。父・細川澄元が争いに敗れて阿波に移ったのでそこで育ちました。7歳で家督を継いだので、小さな頃から大人の権力争いに巻き込まれがちです。三好元長さんの保護を受けて暮らしてきましたが、いろいろあって元長さんを滅ぼしたりもしています。讒言を信じがちなタイプ。一向一揆にも興味あり。嫌いな細川氏は細川高国です。

 室町幕府・管領

永正11年よりBushitterを利用しています。

1,514 フォロー中　**1,563** フォロワー

 顕如さん、武田信玄さん、六角定頼さん、他21名にフォローされています。

書状　　**書状と返書**　　絵巻物　　あっぱれ

細川 晴元　@harumoto-... ・1548/5/6
晴元っていう名前の元ネタをよく聞かれるのだが、実はこの名前は…
室町幕府12代将軍・足利義晴から名前の一文字をいただいたものなのだな。

```
__人人人人人人人人__
＞　スゴくない？　＜
￣Y^Y^Y^Y^Y^Y^Y￣
```

いろいろあって滅ぼした

三好元長に擁されていた細川晴元。しかし、家臣からのウソの告げ口にそそのかされた晴元は、一揆を利用して元長を死に追いやった。そのとき、元長がかろうじて逃がした子どもが三好長慶。

嫌いな細川氏は細川高国

晴元は、父・澄元の代から、細川家の家督をめぐって高国と対立していた。

タイムライン・三好政権の誕生

本人が下剋上の「その後」を明かす

13:29

← **書状と返書**

三好 長慶 @miyossy-n... ・1561/12/22
下剋上でのしあがった人物といえば、私・三好長慶もその一人ですね。
細川晴元に仕えていましたが、そもそも私の父・三好元長は晴元の策略により、一向一揆で攻められて自害しています…。
言うなれば晴元は父の仇だったわけなんですよね…。

 1　　　

三好 長慶 @miyossy-n... ・1561/12/22
復讐の機会を虎視眈々とうかがいつつ、才能を活かして、晴元のもとで徐々に勢力を拡大していきました。

 1　　　

細川 晴元 @harumoto-... ・1561/12/22
どうも、ご紹介にあずかった晴元だ。

我らが細川家は、管領として代々政権を支えてきた名門氏族だったのだが、長慶らの勢力の拡大により、徐々に溝が深まっていったわけだな。

 1　　

三好 長慶 @miyossy-n... ・1561/12/22
そして天文18年、細川晴元と私が戦う「江口の戦い」が巻き起こるわけです。

結果は私の勝利。晴元に加担していた三好政長は討ち死に、晴元も将軍親子の足利義晴・義輝とともに京から逃亡しちゃうのです。
私は積年の仇討ちを成し遂げたわけですね。

やったぜ！

 1　　　

父の仇に仕える
父が自害した2年後、12歳の時、細川晴元配下の武将の仲介によって仕えることになった。

代々政権を支えてきた
応仁の乱に出ていた細川勝元は、細川家の11代当主。晴元は17代当主で、勝元の子孫にあたる。

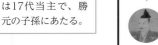

三好 長慶 @miyossy-n... ・1561/12/22
江口の戦いによって我々は畿内を制圧することとなり、いわゆる三好政権を樹立したわけです。

摂津(せっつ)を中心に広範囲を支配下に収める一大勢力になったのですね。

 細川 晴元 @harumoto-... ・1561/12/22
一方、京を追われたワシは、義晴・義輝と共に近江(おうみ)に逃れ、抵抗を続けたものの、最後は摂津・普門寺(ふもんじ)に幽閉され、失意のままに没しました。

なんとも寂しい最後だ…。

 三好 長慶 @miyossy-n... ・1561/12/22
南無南無です…。

私のほうも万事順調というわけではなく、実は悲哀に満ちた晩年を過ごします。
部下の讒言により弟・安宅冬康(あたぎふゆやす)を粛清(しゅくせい)したり、優秀で評価も高かった息子・三好義興(みよしよしおき)を早くに亡くしたりするなど、不幸に見舞われながら失意のうちに生涯を閉じました…。

 三好 長慶 @miyossy-n... ・1561/12/22
悲しい最期を迎えた私ですが、後世では「三好長慶は天下人だった」とする見方も一定数あり、信長、秀吉、家康よりも先に天下を取った「最初の天下人」と評する声もいただいているようです。
ありがたい…（涙）

最初の天下人
当時、「天下」は「天皇の権威が及ぶ範囲」、つまり京とその周辺のことを指していた。

コラム キリスト教と鉄砲

舶来品が文化と合戦を変えた

このころの日本では、スペインやポルトガルから持ち込まれた「南蛮文化」が花開いた。宣教師・ザビエルがレポートする。

11:45

← **書状と返書**

ザビエル @F-Xavier.. ・1549/8/22
どうもフランシスコ・ザビエルと申します。

私はスペイン人の宣教師で、イエズス会という修道会の創立メンバーの一人です。

東方での布教活動の命をうけて、インドのゴアやマレー半島などで布教を続けるなかで、1549年に日本の鹿児島に上陸して、日本にキリスト教を伝えました。

♡ 1

ザビエル @F-Xavier.. ・1549/8/22
大内義隆や大友宗麟のもとで日本での布教の基礎を築き、信者の拡大に伴いキリシタン大名と呼ばれる有力大名なども生まれました。

私が献上品として日本に持ち込んだ品々には、望遠鏡や置時計、ギヤマンの水差しなどがあり、ほかには日本で初めてメガネを持ち込んだのも私と言われています。

♡ 1

ザビエル @F-Xavier.. ・1549/8/22
ちなみに私のこの髪型は「トンスラ」と呼ばれるもので、カトリック協会の修道士の剃髪スタイルです。髪が薄いわけじゃないよ!

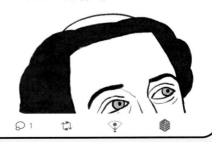

♡ 1

キリシタン大名

キリスト教に入信し、洗礼を受けた大名。九州だと大友宗麟や有馬晴信などがいる。秀吉に仕えた小西行長（P114に登場）もキリシタン大名。

ザビエル @F-Xavier.. ・ 1549/8/22
1549年にキリスト教が伝来する前、1543年に日本に伝わったのが、かの火縄銃ですね。

種子島に漂着したポルトガル人らによって日本に伝えられたとされています。

ポルトガル人の所持していた火縄銃２丁を、島主・種子島時堯が買い取り、そこから火縄銃が日本に広がったのですねー。

♡ 1　　⟲　　👁　　📚

ザビエル @F-Xavier.. ・ 1549/8/22
種子島時堯は、買い求めた火縄銃の製法を家臣に研究させ、翌年再びポルトガル人が来航した際には、製法の指導を受けるとともに数十丁の鉄砲を製作したと伝えられています。

＼スゴイ探究心ですね／
♡ 1　　⟲　　👁　　📚

ザビエル @F-Xavier.. ・ 1549/8/22
火縄銃は、堺の商人などによって日本に広がり、織田信長が実戦で活用し成功を収めたとされていますね。
合戦での戦い方を変えた武器といえますね！

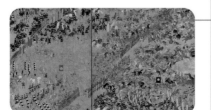

♡ 1　　⟲　　👁　　📚

🏯　　🔍　　🔔　　🗺

信長が実戦で活用し成功

鉄砲伝来後、多くの武将が鉄砲を所有していたが、1000丁もの数を集め、組織的に活用したのは信長が初めてだった。

「長篠合戦図屏風（模本）」。19〜20世紀作。東京国立博物館蔵。

第 ② 章

割拠する群雄

1560年〜

　英雄、天下に轟く──名門・今川氏を破った織田信長。勢いに乗じて将軍を「利用」し、上洛に成功。果ては幕府を崩壊に導くことになる。一方、関東では上杉謙信と武田信玄が「つば迫り合い」の激戦を繰り広げていた。龍と虎、軍略と軍略が相克する軌跡を見よ！

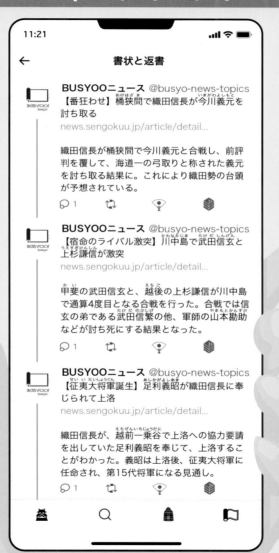

11:21

← **書状と返書**

BUSYOOニュース @busyo-news-topics
【番狂わせ】桶狭間（おけはざま）で織田信長が今川義元（いまがわよしもと）を討ち取る
news.sengokuu.jp/article/detail...

織田信長が桶狭間で今川義元と合戦し、前評判を覆して、海道一の弓取りと称された義元を討ち取る結果に。これにより織田勢の台頭が予想されている。

○1

BUSYOOニュース @busyo-news-topics
【宿命のライバル激突】川中島（かわなかじま）で武田信玄（たけだしんげん）と上杉謙信（うえすぎけんしん）が激突
news.sengokuu.jp/article/detail...

甲斐（かい）の武田信玄と、越後（えちご）の上杉謙信が川中島で通算4度目となる合戦を行った。合戦では信玄の弟である武田信繁（たけだのぶしげ）の他、軍師の山本勘助（やまもとかんすけ）などが討ち死にする結果となった。

○1

BUSYOOニュース @busyo-news-topics
【征夷大将軍誕生（せいいたいしょうぐん）】足利義昭（あしかがよしあき）が織田信長に奉じられて上洛

news.sengokuu.jp/article/detail...

織田信長が、越前一乗谷（えちぜんいちじょうだに）で上洛への協力要請を出していた足利義昭を奉じて、上洛することがわかった。義昭は上洛後、征夷大将軍に任命され、第15代将軍になる見通し。

○1

桶狭間の戦い

信長の名が轟いた一戦

「勝ち目はない」と誰もが思った。ある大雨の日、今川軍に対し、圧倒的に少ない軍勢を率いた織田信長。当時27歳の彼の勝算とは。

信長の異名

「うつけ」は「ばか、まぬけ」と言った意味。「第六天魔王」は、信長が武田信玄に対してこのように名乗ったという。

堕落している寺社は好きじゃない

信長が焼き払った比叡山・延暦寺の僧侶たちは堕落していたという記述が残っている（P56）。

9:55

合戦する

織田 信長

@oda-nbng　フォローされています

尾張出身の戦国武将。天下統一を目指しているぞ！「うつけ」と呼ばれたり「第六天魔王」と名乗ったりもしておる。南蛮渡来のもの全般に興味ありで、火縄銃やビロード製品、甲冑なんかを集めておるぞ。キリスト教には寛容派だが、堕落している寺社関連はあまり好きでないのでご注意を。鳴かないホトトギスは…わかるよな？

🏯 安土城

📅 天文3年よりBushitterを利用しています。

1,534 フォロー中　**1,582** フォロワー

 前田利家さん、明智光秀さん、帰蝶さん、他91名にフォローされています。

書状　　**書状と返書**　　絵巻物　　あっぱれ

 織田 信長　@oda-nbng・1582/5/29
よく趣味を聞かれるが、茶の湯や鷹狩が好きだな。あと相撲にはかなりハマっている。相撲大会なんかも主催していて、成績の良い力士は家来として登用したりもするのでご興味のある民はぜひ参戦してほしいぞ！

9:55

今川 義元
いまがわ　よしもと

@imagawa-y フォローされています

駿河・遠江・三河を支配している戦国武将・今川義元のオフィシャルアカウントです。海道一の弓取りとは私のことです。公家大好きなので、お歯黒や置眉にも興味ありです。京都の流行や公家界隈のつぶやきが多めです。好きな語尾は「おじゃる」でおじゃる。ただ単なる公家かぶれじゃなくて、内政もしっかりやっていますのでご心配なく！

🏯 駿河

🗺 永正16年よりBushitterを利用しています。

1,519 フォロー中　**1,560** フォロワー

 今川氏親さん、足利義晴さん、他6名にフォローされています。

書状　　**書状と返書**　　絵巻物　　あっぱれ

 今川 義元　@imagawa-y・1560/6/12
「戦国武将のくせに馬に乗れない」
「ずっと輿に乗っているらしい」
なんて噂がありますが、まったくそんなことないですよ。合戦場でもバリバリ馬に乗ってますし…。
もしかして公家趣味がたたってそんなイメージがあるのかしら…。
#めっちゃ馬乗ってます #公家は趣味

公家大好き
「置眉」は、いわゆる「麻呂眉」のこと。ただしこうした化粧をしていたのは後世の創作の可能性も。

馬に乗れない？
「足が短くて乗れなかった」「幼少期に落馬したトラウマで乗れない」など諸説あるが、真偽は不明。

タイムライン・桶狭間

信長と今川義元が当時を振り返る

22:12

書状と返書

織田 信長 @oda-nbng・1560/6/12
待たせたの、信長じゃ！

1560年5月19日に、今川義元とワシ・織田信長が戦った合戦が「桶狭間の戦い」だな。尾張の桶狭間という場所で戦いが繰り広げられたことからこの名前がついておる。ワシのキャリアを代表する一戦といえるな。

💬1　🔁　　

> **桶狭間って　どこ？**
> 現在、名古屋市緑区に「桶狭間古戦場公園」がある。だが実は、戦場がどこだったかは諸説あり、明確になっていない。

今川 義元 @imagawa-y・1560/6/12
どうも、今川義元です。
桶狭間の戦いで、私の陣営は2万5000以上の軍勢を率いておりました。一方で織田陣営はわずかに2000前後の軍勢。
こんな戦力差にもかかわらず、織田信長の前に私はあっさり敗れてしまうわけです…。

💬1　🔁　　

今川 義元 @imagawa-y・1560/6/12
ちなみに軍勢だけでなく家柄でも私のほうが格上だったのですよね。

駿河・遠江の守護である今川氏は名門。私は幼少期に出家しましたが、上の兄2人が早世したことで還俗。五男の私も戦国時代の表舞台に登場したわけです。

💬1　🔁　　

> **海道一の弓取り**
> 「海道」は東海道のこと。東海地方の優れた武士としての異名。

今川 義元 @imagawa-y・1560/6/12
還俗したあとは、三男の兄との後継者争いを経て今川家の当主に。「公家かぶれ」なんてバカにされがちですが、実は「海道一の弓取り」と評されるほど実力のある武士なんですよねー、実は。

💬1　🔁

織田 信長 @oda-nbng・1560/6/12
一方のワシといえば、奔放すぎる毎日を送っておった。

傾奇者ファッションに身を包み、自由気ままに暮らしておったのだな。周囲からは「うつけもの」やら「おおうつけ」なんて呼ばれておったし、教育係の平手政秀をよく困らせておったものだ。

💬 1　🔁　　📤　　🔖

 織田 信長 @oda-nbng・1560/6/12
そんな中、ワシが18歳のときに「尾張の虎」と呼ばれた父・織田信秀が亡くなるわけだ。

父が亡くなったことで、必然的にワシは織田家を継ぐことなるのだが、ワシはあいも変わらずうつけライフ三昧。

父の葬儀では、仏前で焼香を投げつけて帰るなど、うつけぶりをマックスに発揮しておったのだな。

💬 1　🔁　　📤　　🔖

 今川 義元 @imagawa-y・1560/6/12
楽しそうでなにより。一方、勢力争いをしていた今川と織田の対立状況は、信秀の死後さらに動き始めたわけです。

💬 1　🔁　　📤　　🔖

 今川 義元 @imagawa-y・1560/6/12
われわれ今川勢は、尾張へのさらなる攻撃に向けて、準備を整えはじめました。

まず息子・氏真を北条氏康の長女・早川殿と結婚させ、娘の嶺松院を武田信玄の子・武田義信と結婚させます。
婚姻関係を結ぶことで、いわゆる「甲相駿三国同盟」を結成したのですよね。

💬 1　🔁　　📤　　🔖

甲相駿三国同盟
甲斐の武田氏（甲）、相模の北条氏（相）、駿河の今川氏（駿）の三者で同盟を結んだ。この同盟により、三国は背後を固めた状態で各方面の戦いに集中することができた。

織田 信長 @oda-nbng・1560/6/12
後方の憂いもなくなった今川勢は、駿河・遠江・三河3国の大軍を率いて上洛のため西進を開始してきたわけだ。

尾張の領地は攻め込まれ、織田方の拠点は次々と攻略されていったのだな。

今川 義元 @imagawa-y・1560/6/12
＼イケイケ今川！／　＼GOGO今川！／
ですね。

鷲津・丸根砦を落とした我々は、5月19日、本陣を桶狭間山に移したわけです。

織田 信長 @oda-nbng・1560/6/12
そしてこの場所で繰り広げられたのが「桶狭間の戦い」というわけだな。

今川 義元 @imagawa-y・1560/6/12
圧倒的な戦力差から、織田方からの寝返りも多く発生。今川が絶対的に有利な状況だったのですが、なんと我々、敗北を喫するのです…。

いま考えてもマジ？？？？？？？？？

って感じです…。

次々と
攻略された
今川軍が攻めてきたとの報を受けても、信長は動こうとせず、世間話だけして家臣らを帰らせたという。相当楽観的だったらしい。

「今川義元桶狭間大合戦之図」。1892年作。右田年英画。東京都立図書館蔵。

織田 信長 @oda-nbng・1560/6/12
当時、桶狭間では視界を妨げるほどの激しい雨が降っていた。
雨だけなく雹も降ったとも言われているのだが、そんな中、我々の軍勢は豪雨に乗じて兵をこっそりと進め、今川義元の本陣に奇襲をしかけたわけだ。

 1

 今川 義元 @imagawa-y・1560/6/12
休憩していた我々は大混乱に陥りました…。

混乱のまま陣は乱れ、まさかの大惨敗。私、今川義元もその場で討ち取られてしまったわけです。無念すぎます…。

 1

 織田 信長 @oda-nbng・1560/6/12
ワシも勝てる気がしていたわけではないのだけどな！

合戦前には幸若舞の演目のひとつ「敦盛」も舞ったといわれており、「人間五十年、下天のうちを比ぶれば、夢幻の如くなり」という一節から考えれば、死を覚悟していたのかもしれんな…。

 1

 今川 義元 @imagawa-y・1560/6/12
天候なども含め、運を味方につけた奇跡的な勝利だったのかもしれないですね。シクシク…。

しかしながらこの一戦での勝利を契機に、信長は勢力を拡大、天下統一への歩みを進めていくわけですね。

 1

奇襲は本当？
「本陣への進路を迂回して雨にまぎれて奇襲した」というのは後世の創作で、「全力で正面突破した」という資料のほうが正しいのでは、という説もある。

敦盛を舞った
敦盛を舞った信長は、立ったままご飯を食べ、装備を身に着けて出陣したという逸話がある。

川中島の戦い

宿命のライバル、5度の激突

越後の龍と、甲斐の虎。同時代の実力者同士、そう呼ばれたのが上杉謙信と武田信玄だ。2人の激突の背景には、あるきっかけがあった。

「義」に生きる

戦いの神・毘沙門天を信仰するなど、神仏を厚く敬っていた。幼いころに預けられていた林泉寺（新潟県）には、「第一義」と書いた額が残されている。

謙信の女性説

謙信は生涯独身だったという。それを理由としてか、このような異説も唱えられた。

9:55

📛⁺ 📕 　合戦する

上杉 謙信
@dragon-uesugi　フォローされています

越後で活動している戦国武将です。山内上杉家16代当主。越後の龍/軍神/お酒大好き。なにより大切なことは義の心。毘沙門天を信仰しながら日々一生懸命やっています。

味方であれ敵であれ、困っている人がいたら助ける気持ちがありますので、塩等が不足している方は敵味方関係なくDMでお問い合わせください。

🏯 春日山城

📷 享禄3年よりBushitterを利用しています。

1,530 フォロー中　**1,578** フォロワー

 直江景綱さん、上杉景勝さん、直江兼続さん、他231名にフォローされています。

書状　　**書状と返書**　　絵巻物　　あっぱれ

 上杉 謙信　@dragon-ues.. ・ 1577/9/23
【ご報告】上杉謙信女性説については事実無根の噂です。
スペインのゴンザレスなる人物がスペイン国王に送った報告書に「上杉謙信は女性である」というような記載があったとされていますが、完全なフェイクニュースです。

全国の諸大名の皆様、ご注意ください。

11:01 ▪️ .ull 🛜 ▪️

 　　🎫⁺ 🏳️ 　合戦する

武田 信玄
たけ だ　しん げん

@tk-shin-gen フォローされています

その疾きこと風の如く、その徐かなること林の如く、侵掠すること火の如く、動かざること山の如し。甲斐地方を中心に活動している、風林火山でおなじみ武田信玄の公式アカウントです。騎馬&和泉守兼定推し。越後の上杉謙信に関するツイートやDMを送ってくる武将はブロックしますのでご注意ください。マジ、ライバルなんで。

🏯 躑躅が崎館

📷 大永元年よりBushitterを利用しています。

1,521 フォロー中　**1,573** フォロワー

 山本勘助さん、飯富虎昌さん、武田信繁さん、他11名にフォローされています。

| 書状 | **書状と返書** | 絵巻物 | あっぱれ |

武田 信玄 @tk-shin-gen・1572/12/19
ワシの居城である躑躅が崎館には、水で流すことのできるトイレが完備されておる。
まあ自動ではなくて鈴を鳴らすと私の部下が上流の方から水を流す、というものだが。
トイレの間取りも広々スペースで6畳くらいあるので、のんびりリラックスしながら致せるお気に入りの空間である。
#私の居城自慢

名刀・和泉守兼定
いずみ の かみ かね さだ

刀工の和泉守兼定（二代目）が打った刀で、当時から高い人気を誇った。ちなみに十一代目・和泉守兼定の刀は、新選組の土方歳三が愛用したことで有名。
ひじ かた　とし ぞう

水洗トイレ

流す水には風呂の残り湯を活用していたとか。香を焚いていたという記述もある。匂い管理も万全？

タイムライン・川中島

越後の龍と甲斐の虎が語り合う

22:12

← **書状と返書**

上杉 謙信 @dragon-uesugi・1561/9/9
川中島の戦いといえば私・上杉謙信と甲斐の武田信玄さんの間で、北信濃の領有を巡って争った合戦のことですね。

川中島の場所は信濃更級郡の犀川と千曲川との合流点になっているところです。

♡ 1

武田 信玄 @tk-shin-gen・1561/9/9
ワシ、信玄は20歳前後で父である武田信虎を駿河に追放して家督を相続。その後、隣国である信濃への侵攻を推し進め、有力な武将を次々と倒しながら、さらに勢力を広めつつあったのだな。

♡ 1

上杉 謙信 @dragon-uesugi・1561/9/9
一方、私は反乱が頻繁に起きていた越後を攻略したことで、その名が知られるようになっていきました。

守護だった上杉定実の斡旋もあり、兄・晴景の後を継いで春日山城を居城としました。じわじわと地位を固めておりましたね。

♡ 1

武田 信玄 @tk-shin-gen・1561/9/9
そんな状況で、ワシが攻めたてた武将のうちの何人かが、上杉謙信めに泣きつきよったのじゃな。

まったく情けないやつらじゃ…。それを受けて義の武将・謙信が兵を挙げよった。

これが川中島の戦いに繋がっていくのだな。

♡ 1

父を追放

当時、甲斐はたび重なる戦いで人々や家臣が不満を募らせていた。滅亡の危機を避けるため、信玄はクーデターを起こしたという説もある。

泣きつきよった武将

北信濃の大名・村上義清。信玄と2度戦い勝利したが、その後、居城を奪われ、謙信のもとへ亡命。配下で川中島の戦いにも参戦した。

上杉 謙信 @dragon-uesugi・1561/9/9
川中島の戦いは、一度の戦いではなくて、実は12年間の間で、5度にわたって激突しているのですよね。

主なもので1553年、1555年、1557年、1561年、1564年の計5回も戦っています。

数年に一度戦っているので我々の間では「恒例の合戦」とも言えますね！

 1

 武田 信玄 @tk-shin-gen・1561/9/9
5回も戦っとったのか…。言われてみると確かに多いな。

ちなみにそのうち最も激しかったのが4回目である1561年の合戦だな。

この合戦のみを川中島の戦いと呼ぶ場合もあるほど大規模な合戦だったわけだ。

 1

 上杉 謙信 @dragon-uesugi・1561/9/9
川中島の戦いでは「私と信玄さんが一騎打ちした」というような話も、後世に伝わっているようですね。
(実際に一騎打ちがあったかは定かじゃないのですよね)

 1

一騎打ち
武田方の軍記物『甲陽軍鑑』には、信玄が謙信の刀を軍配で受け止めた、との記述もある。

「信州川中嶋大合戦之図」。1864年作。歌川国綱（2世）画。東京都立図書館蔵。

軍師・山本勘助

片方の目が見えず、さらに片方の足が不自由だったと言い伝えられている。

 武田 信玄 @tk-shin-gen・1561/9/9

4回目の合戦で、武田軍は軍師・山本勘助が考案した「キツツキ戦法」と呼ばれる戦法を採用したのだな。

軍勢を二手にわけ、一方が相手の背後をついて敵をおびき出しつつ、もう一方がそれを挟撃するというものだ。

 上杉 謙信 @dragon-uesugi・1561/9/9

キツツキが木を叩いて、驚いた中の虫が飛び出したところをねらう、といった行動が元ネタですよね。
一方で我々上杉勢は軍勢が車輪のように回転しながら攻撃を仕掛ける「車懸りの陣」を敷いておりました。
超カッコよくないですか？

 武田 信玄 @tk-shin-gen・1561/9/9

うむ…。
名前はさておき、双方一歩も引かない戦いだったわけだな。ただ川中島の戦いは、実は明確な勝敗がついていないと言われておる。

武田勢は私の弟・信繁や山本勘助が討たれており、痛手を負った合戦だったことには違いないのだが…。

 1

死を3年間、隠そうとした

「自分が死んだと知られると甲斐が攻められる」と危惧して残した遺言だが、家康や信長などの諸大名には早々にバレていた模様。葬式はきっちり3年後に行われた。

武田 信玄 @tk-shin-gen・1561/9/9

その後、北条氏との和議などを経て上洛を進めておったワシじゃが、その途上でなんと没しちゃうのだな。マジびっくり。

武田家を案じて、「死を3年秘匿せよ」と遺言は残したものの、実際にはすぐにバレてしまうしな。人の口に戸は立てられぬというやつじゃな…。

 1

上杉 謙信 @dragon-uesugi・1561/9/9
一方の私は、信玄さんの没後は能登に進出していきます。
加賀で起きた手取川の戦いでは織田軍勢も撃破、勢力を順調に広げていきます。

💬 1　⟲　👁　▦

手取川の戦い
柴田勝家をはじめとする織田家オールスター軍団と上杉軍との戦い。羽柴秀吉(のちの豊臣秀吉)が内紛を起こしたことで、上杉軍が大勝した。

 上杉 謙信 @dragon-uesugi・1561/9/9
ところが、そんな最中に脳卒中で倒れて、私もこの世を去っちゃうのですよね。

なんともまああっけなく、ぽっくりと…。

💬 1　⟲　👁　▦

 武田 信玄 @tk-shin-gen・1561/9/9
うむ…。お互いあっけなかったな…。

謙信は信心深くて、生涯結婚もしなかったと言われておるのだが、丁寧な暮らしでもしているのかと思いきや、実はめちゃくちゃ大酒飲みだったのだな。

しかもツマミに梅干し(好物)なんかを頻繁に食べていたと言われておるから、そりゃ血圧上がること火の如くだな。

💬 1　⟲　👁　▦

 上杉 謙信 @dragon-uesugi・1561/9/9
返す言葉もございません…。

今川氏の経済封鎖で困っていた信玄さんに塩を送ったり、かっこいいキャラを通していたのですが、人間死ぬときはあっけないものですね…。
みなさんも塩分は控えめに。塩を摂りすぎるくらいならライバルに贈りましょう!

💬 1　⟲　👁　▦

「敵に塩を送る」
敵の弱みにつけこまず、助けること。謙信の行動が由来となり、この言葉が生まれた。

信長の天下布武

日本の中心で覇を唱える

将軍の権力を求める戦国大名のなかで、いち早く上洛をなしとげたのが信長だった。彼が天下に与えたインパクトとは。

気に入らなければ討っちゃう

主君の三好長慶の息子・義興を毒殺したとうわさされたり、将軍・足利義輝を暗殺したりするなど、悪名高い男。しかし実際にはどちらも松永久秀の犯行ではなかった、という説も。

7:21

合戦する

松永 久秀
（まつなが ひさひで）
@h-matsunaga　フォローされています

おっす！「乱世の奸雄」こと松永久秀です。三好長慶、織田信長らに仕えていましたが、権力に屈するのは性分じゃないので、将軍だろうがなんだろうが気に入らなければ討っちゃいますし、お寺だろうが燃やしちゃいます！！
宝物は「#古天明平蜘蛛」っていう茶釜です。オジサン、これだけは死んでも手放さないゾ！

 信貴山城
 永正7年よりBushitterを利用しています。

1,510 フォロー中　**1,577** フォロワー

織田信長さん、明智光秀さん、他22名にフォローされています。

書状　　**書状と返書**　　絵巻物　　あっぱれ

松永 久秀 @h-matsuna..・1577/10/9
先日、友達と「武将としての理想の最期」を話していたのですが、個人的にはド派手に散りたいものです。
たとえ合戦に負けて討たれるとしても、首なんかは残さず、華々しく散りたいですね。例えば火薬に火をつけて大爆死する、なんていうのもありよりのありですね。
ドカーンって。

19:01

 合戦する

足利 義昭
あしかが よしあき

@ashikaga-15 フォローされています

室町幕府第15代将軍。仏門時代は覚慶という名前で活動していました。
永禄11年10月に、朝廷のみなさまから将軍宣下を受けまして、現在は将軍を務めています。織田信長には擁されていたこともありましたが、現在は袂を分かっていますのであしからず。信長包囲網に参加されたい方はお気軽にDMでご連絡ください。

🏯 京

📷 天文6年よりBushitterを利用しています。

1,537 フォロー中　**1,597** フォロワー

 細川藤孝さん、朝倉義景さん、明智光秀さん、他10名にフォローされています。

書状　　**書状と返書**　　絵巻物　　あっぱれ

足利 義昭 @ashikaga-15・1577/10/9
【ゆる募】現在、備後に下向して毛利輝元氏のもとで「鞆幕府」という名称で活動しています。
鞆はかつて足利尊氏が上皇様より新田義貞追討の院宣を受けた場所ですので、足利将軍家にとって縁起の良い場所なのです!

ぜひ皆様お越しくださいませ!

信長包囲網
浅井長政、朝倉義景、三好三人衆、武田信玄、本願寺の顕如などに呼びかけ、「反信長戦線」を作ろうとした試み。

鞆幕府
信長によって京を追放されたあとに義昭が拠点とした場所。しかし幕府の復興は果たせなかった。鞆は現在の広島県福山市の地名。

追討の院宣
足利尊氏は、室町幕府の初代将軍。後醍醐天皇に敵対する朝敵だったが、当時の光厳上皇から義貞追討の命令を受けることにより、朝敵ではなくなった。

7:44 ▪️📶📶🔋

← **書状と返書**

松永 久秀 @h-matsunaga・1577/10/9
ども妊雄・松永です。畿内から四国を支配していた三好長慶の死後に起きたのが「永禄の変」ですね。
引き起こしたのは当時、三好氏を主導していた三好三人衆と、三好家の家老を務めていた私、松永久秀ですね。

💬 1   🔶

≡ **三好三人衆** miyosy-3・1577/10/9
三好長逸、岩成友通、三好政康、三人そろって三好三人衆です!

長慶さんが亡くなったあと、将軍家の勢力が再び拡大しつつあったのですが、将軍はあくまで傀儡であってほしかった我々。二条御所に押し寄せて13代将軍・足利義輝をうっかり殺害しちゃったのですよね…。

💬 1 ⟳ 🔶

松永 久秀 @h-matsunaga・1577/10/9
うっかりて…。その後勢力を拡大していた私は三好三人衆と対立していきます。

1567年には三人衆らと激突。東大寺で戦ったのですが、こちらでもうっかり大仏殿を焼失させちゃったり…。

💬 1   🔶

松永 久秀 @h-matsunaga・1577/10/9
その後、織田信長の家臣となったものの徐々に対立。最期は信長の軍勢に包囲され、所望された名器・古天明平蜘蛛を叩き割って、火を放って自害しちゃいます。
一説には火薬に火を放って爆死したという説もあります。ド派手に散ったぜ!

💬 1   🔶

ども、妊雄です
妊雄とは、悪知恵を働かせて英雄となった人のこと。ちなみに三国志で妊雄といえば、魏の曹操を指すことが多い。

炎上した大仏
東大寺周辺での三好三人衆との抗争中に、大仏殿に火をつけたとされるできごと。三好三人衆側の誰かが放火したという説もある。

足利 義昭 @ashikaga-15 ・ 1577/10/9
みなさま、おはようございます。永禄の変で
兄・義輝が討たれてしまった足利義昭です。

変のあと、松永久秀に保護(というか幽閉)され
ていたのですが、兄の近臣である細川藤孝ら
の助けによって、なんとか幽閉から脱出しま
した。

1

足利 義昭 @ashikaga-15 ・ 1577/10/9
越前の朝倉義景を頼りながら幕府再興のために
全国の諸大名に協力要請を続けたのですよ
ね。
めっちゃスルーされ続けましたが…。

1

織田 信長 @oda-nbng ・ 1577/10/9
その呼びかけに反応したのがワシ・織田信長
だな。

織田家が急速に力をつけるなかで、さらに幕
府の立て直しに協力することで、権威を高め
ようとしたわけだ。

傀儡とまでは言わないが、ワシも幕府の権力
を利用しようとしたことには違いないが。

1

足利 義昭 @ashikaga-15 ・ 1577/10/9
こうして第15代将軍となった私ですが、その
後は案の定、信長と対立。

最後には京から追放されて、室町幕府は私の
代で滅亡してしまいました…。

1

協力要請
京に上洛して幕府
を立て直したかった
足利義昭は、支援し
てくれる大名を募集
した（朝倉義景は上
洛するのを嫌がって
いた）。それに応じ
たのが信長。

**案の定、対立
→幕府滅亡**
書状で義昭の行い
を批判してきた信長
に怒った義昭は、信
長包囲網を形成。
それに対し信長は義
昭を攻撃し、京から
追放した。義昭が
15代将軍になって
から5年後、1573年
のことだった。

第 ③ 章

幕府滅亡、そして

1570年〜

　既存のルールを一変させる出来事を「ゲームチェンジ」という。それを起こしたのが信長だった。徳川家康も辛酸をなめた武田騎馬隊に、鉄砲隊を率いて大勝。合戦の常識を破壊した。一方そのころ、西国の各地で諸大名が台頭。戦国の版図が徐々に塗り替わる。

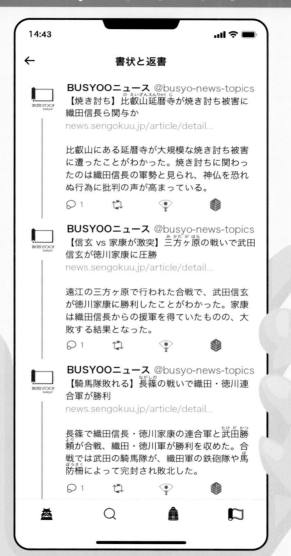

14:43

書状と返書

BUSYOOニュース @busyo-news-topics
【焼き討ち】比叡山延暦寺が焼き討ち被害に
織田信長ら関与か
news.sengokuu.jp/article/detail...

比叡山にある延暦寺が大規模な焼き討ち被害
に遭ったことがわかった。焼き討ちに関わっ
たのは織田信長の軍勢と見られ、神仏を恐れ
ぬ行為に批判の声が高まっている。

○ 1

BUSYOOニュース @busyo-news-topics
【信玄 vs 家康が激突】三方ヶ原の戦いで武田
信玄が徳川家康に圧勝
news.sengokuu.jp/article/detail...

遠江の三方ヶ原で行われた合戦で、武田信玄
が徳川家康に勝利したことがわかった。家康
は織田信長からの援軍を得ていたものの、大
敗する結果となった。

○ 1

BUSYOOニュース @busyo-news-topics
【騎馬隊敗れる】長篠の戦いで織田・徳川連
合軍が勝利
news.sengokuu.jp/article/detail...

長篠で織田信長・徳川家康の連合軍と武田勝
頼が合戦、織田・徳川軍が勝利を収めた。合
戦では武田の騎馬隊が、織田軍の鉄砲隊や馬
防柵によって完封され敗北した。

○ 1

姉川の戦い

「妹の夫」による裏切り

政略結婚で背後を固めた信長。しかし、義弟の浅井長政は、信長とは別の未来を描いていた。その思惑を時系列で追う。

有名三姉妹
茶々はその後、「淀殿」として豊臣秀吉の側室（本妻ではない妾の女性）に。初はいとこの大名・京極高次と結婚。江は徳川秀忠と結婚し（P117）、江戸時代の3代将軍・家光を産んだ。

22:44

合戦する

浅井 長政

@azai-nagamasa フォローされています

「あさい」ではなく「あざい」です。近江で戦国武将活動をしています。

うちの娘であります茶々、初、江の三姉妹が有名。ちなみに妻(お市の方)のお兄さんは織田信長。結婚費用を出してもらったり、名前の一字をいただいたりしてお世話になっておりますが最近は反目気味です！

🏯 小谷城
📷 天文14年よりBushitterを利用しています。

1,545 フォロー中　**1,573** フォロワー

お市の方さん、朝倉義景さん、六角義賢さん、他21名にフォローされています。

書状　　**書状と返書**　　絵巻物　　あっぱれ

浅井 長政　@azai-nagam.. ・1573/7/2
「金ヶ崎の退き口」の時、妻が兄・信長に小豆の袋の両端を縛ってこっそり送り、私の裏切りを伝えたという話がありますが、挟み撃ちを袋の両端を縛ることで表現するってすごくないです？？
創作とも言われていますが、これよく伝わったなと。
読み解いたほうの信長もすごい。

合戦する

朝倉 義景（あさくら よしかげ）

@asakura-yskg フォローされています

越前のエリート大名「朝倉家」の代表をしている朝倉義景と申す。京から逃れてきた足利義昭氏の保護活動もやっておった。詩歌のパーティーなど、イベントもよく主催しておるし、歌道・和歌・連歌・猿楽（さるがく）・作庭・絵画・茶道・禅などにも興味がある。戦国のこんな世の中だが、芸術などの文化の素晴らしさを世に広めていきたいものだな。

 一乗谷城

天文2年よりBushitterを利用しています。

1,533 フォロー中　**1,573** フォロワー

 浅井長政さん、足利義昭さん、明智光秀さん、他3名にフォローされています。

| 書状 | **書状と返書** | 絵巻物 | あっぱれ |

朝倉 義景 @asakura-yskg・1573/7/2
【お知らせ】朝倉家では、京などで活動している文化人の方をお招きしておる。豊かな自然に囲まれた一乗谷を、華やかな文化の発信地にしていこうではありませんか！※DMで上洛要請するヤツはブロックするからな

エリート大名
本拠地の越前・一乗谷（いちじょうだに）には京出身の公家や文化人が多かった。義景は歌会をたびたび開き、自分でも詠んでいたという。猿楽（さるがく）は能の古い呼び方。足利義昭を招いた際は能演でもてなしていたとか。

上洛要請するヤツはブロック
信長は足利義昭を15代将軍に据えると、その権威を借りて周辺大名に上洛を求めた。しかし義景はそれを無視した。

タイムライン・姉川

信長に刃向かった2人の最期

22:30

← **書状と返書**

浅井 長政 @azai-nagam.. ・1573/7/2
姉川の戦いといえば、私、浅井長政と朝倉義景さんの連合軍と、織田信長・徳川家康の連合軍が戦った、1570年の合戦のことですね。

戦いが起きたのが近江の姉川流域だったので「姉川の戦い」
と呼ばれています。

 1

朝倉 義景 @asakura-yskg ・1573/7/2
お、ワシの出番だな。

もともと信長とワシ・朝倉義景は仲が悪くバチバチしておったので、合戦になるのはやむなしなのだが、一方で長政君は信長と同盟関係にあった。
そんな中、合戦になったのには様々な経緯があったと聞くが。なにか理由があったのであろう?

 1

浅井 長政 @azai-nagam.. ・1573/7/2
そうなんですよ…。
当時、足利義昭を奉じて上洛し天下統一にむけ歩み始めていた信長ですが、領地と京の往来のために、道中の安全を確保する必要があったのですよね。

 1

浅井 長政 @azai-nagam.. ・1573/7/2
そこで信長は道中の要所である近江・浅井氏と同盟を結ぼうとしたわけです。

近江はこれまたいい感じの位置にあるんですよマジで。

 1

家康との連合軍

江戸時代の著作『三河物語』によれば、信長は当初、家康に二番隊としての援軍参加を求めた。しかし家康は「一番隊に命じてくれないなら参戦しない」と反論。信長を翻意させたという。

いい感じの位置にある近江（おうみ）

信長が治める尾張、美濃から京に向かうには、間にある近江を通る必要がある。

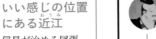

朝倉 義景 @asakura-yskg・1573/7/2
そうだな。

そこで登場するのがご存知、信長の妹・お市ちゃんだな。

 1　　　

浅井 長政 @azai-nagam..・1573/7/2
1567年頃に私とお市の方は結婚。これにより信長の上洛の足場が固まったわけです。

ただしこの同盟により、朝倉義景さんのいる越前へ、信長が攻め込むための有利な状況もつくってしまったわけでして…。

誠に申し訳ないです。

 1　　　

朝倉 義景 @asakura-yskg・1573/7/2
確かにな…。実際1570年に信長は、約3万の軍勢を率いて越前に攻めてきよったわけだ。

この状況に長政君はいよいよ本格的に頭を悩ますわけだ。

いろいろ板挟み状態で大変だな…。

 1　　

金ヶ崎の戦い
義景が信長からの上洛要請を無視したことが原因となり、信長が越前に侵攻して始まった戦い。

51

浅井 長政 @azai-nagam.. ・ 1573/7/2
そうなんですよね。
もともと朝倉家と浅井家は、信長との同盟以前から関係があったので、昔からの付き合いと義理の兄との間で板挟み状態になってしまったわけで…。

ほんとに超絶悩みました…。

 1　　　⇄　　　◈　　　

朝倉 義景 @asakura-yskg ・ 1573/7/2
が、最終的に長政君は、信長を裏切って朝倉方につくわけだな。

流石！あっぱれ長政！

 1　　　⇄　　　◈　　　

浅井 長政 @azai-nagam.. ・ 1573/7/2
はあ…。

この裏切りによって浅井・朝倉軍勢は織田勢を挟み撃ちにすることができ、信長は「金ヶ崎の退き口」と呼ばれる撤退戦を強いられたわけですね。

ただそんな手痛い裏切りにあった信長が、そのまま黙っているわけもないのですよね…。

 1　　　⇄　　　◈　　　

金ヶ崎の退き口
背後の近江にいた長政が蜂起し、信長を挟み撃ちに。絶望的な状況で羽柴秀吉らがしんがりをつとめ、信長たちを撤退させた。

朝倉 義景 @asakura-yskg ・ 1573/7/2
確かにそうじゃな。

援軍として加わった徳川家康の軍勢とあわせて、２万9000の織田軍・徳川連合軍が攻め込んで来たのだな。

一方の朝倉・浅井連合軍は1万8000の軍勢で迎え撃ち、ここに姉川を舞台に戦いが始まったわけだな。

 1　　　⇄　　　◈

浅井 長政 @azai-nagam.. ・1573/7/2
合戦当初は浅井・朝倉連合軍のほうが優勢だったのですが、徳川軍の活躍で形勢が逆転。

我々は大きく兵を失い、小谷城_{おだにじょう}のある北方へ撤退。織田・徳川連合軍の勝利で、合戦は幕を閉じました。

 朝倉 義景 @asakura-yskg ・1573/7/2
その後さらに信長からの攻撃を受け、ワシは居城である一乗谷城に火を放ち、最期は越前大野で自刃するに至るわけじゃな。
名門・朝倉家はここに潰えた_{ついえ}わけじゃ…。

 浅井 長政 @azai-nagam.. ・1573/7/2
私も信長から攻められ、小谷城で孤立無援となり最期は城内で自刃。
浅井家も同じくここで滅亡しちゃいました。

 織田 信長 @oda-nbng ・1573/7/2
ワシに刃向かうからじゃな（笑）。朝倉義景、浅井長政、長政の父・久政_{ひさまさ}の首は薄濃_{はくだみ}(漆を塗って金粉などを貼り付ける)にして髑髏_{どくろ}の盃_{さかづき}にしてやったという噂もあるしな。

家族のその後

こうして長政は29年の生涯を閉じた。残された三姉妹たちは羽柴秀吉に保護された。妻のお市は信長のもとに引き取られ、のちに柴田勝家と結婚することになる。

延暦寺の焼き討ち

信長史上最恐、残忍な凶行

姉川の戦いで浅井・朝倉を打ち破った信長は、その残党をかくまう比叡山を焼き払った。信長の部下・明智光秀が、その惨劇を語る。

調整のプロ

もともと足利義昭に仕えていた光秀。同じく将軍配下の盟友・細川藤孝（P45にも登場）とともに信長と交渉し、義昭の上洛をサポートした。

働きすぎで倒れた

たび重なる合戦のため、過労がたたって倒れたという。「風痢（現在でいう赤痢）で死んだ」といううわさも出回るほどだった。

9:20

合戦する

明智 光秀
@akechi-m フォローされています

惟任日向守。通称・十兵衛。美濃明智荘出身。これまで斎藤道三→朝倉義景→足利義昭様と仕えてきて、現在は織田信長様の下で働いています。親友の細川藤孝君と一緒に義昭様をフォローしながら、信長様との間を取り持つ活動をしております。寺社や公家方面との調整役も担当中。坂本城、亀山城の城主も歴任しております。よく詣るのは愛宕山です。

🏯 亀山城

📷 永正13年よりBushitterを利用しています。

1,516 フォロー中　**1,582** フォロワー

 足利義昭さん、朝倉義景さん、細川ガラシャさん、他99名にフォローされています。

| 書状 | **書状と返書** | 絵巻物 | あっぱれ |

 明智 光秀 @akechi-m・1575/6/29
1575年の石山本願寺との合戦はめちゃくちゃ大変でした。当時リーダーだった塙直政さんが討ち死にして、私も砦を攻められて絶体絶命だったんですよね。結局、信長様が救援に来てくださって助かったのですが、そのあと過労で倒れちゃいました。。

皆様働きすぎにはご注意を。

タイムライン・延暦寺

史料が語る「衝撃」とは

22:43

← **書状と返書**

明智 光秀 @akechi-m・1571/9/30
比叡山焼き討ちは、1571年に、信長様が比叡山延暦寺のお堂などの伽藍をことごとく焼き払った事件のことですね。

信長様の恐ろしさを目の当たりにした事件のひとつです…。

♡ 1

織田 信長 @oda-nbng・1571/9/30
フフフ…。
まずは焼き討ちの経緯から話してやろう。姉川の戦いでワシに敗れた浅井・朝倉軍の一部が、本願寺の顕如によってかくまわれながら対抗しておったのだな。

♡ 1

明智 光秀 @akechi-m・1571/9/30
そうでしたね。
さらには顕如からの蜂起指令によって、伊勢長島の一向一揆も起きており、それによって信長様の弟・信興様も自害するなど、激しい抗戦が続いていた状況でしたね。

♡ 1

**本願寺の
リーダー・顕如**
摂津・石山本願寺の僧侶。各地の一向宗徒に働きかけ、信長に対して挙兵。1580年に和睦して本願寺を去るまで、11年にわたって信長を苦しめ続けた。

織田 信長 @oda-nbng・1571/9/30
フム。ワシはそれらの敵対行為への報復として「延暦寺焼き討ち」を実行したわけだな。

配下の軍勢を使って比叡山全山を一気に攻撃し、焼き尽くしたのだ。神仏を恐れぬこの行為は多くの非難を集めたのだがな。

明智 光秀 @akechi-m・1571/9/30
…。

公卿・山科言継さんなんかは日記で「仏法破滅」「王法いかにあるべきか」と書き記したりしていますね。。

流石にやりすぎた気がしますね…。

織田 信長 @oda-nbng・1571/9/30
めちゃくちゃ評判悪いな…。

しかし当時の比叡山の僧については「修学を怠り、一山相果てるような有様であった」と記された文書もあり、仏僧にあるまじき堕落した状態だったとも指摘されておるからな。

自業自得とも言えるな。

多くの非難を集めた
武装していない僧や女性、子どももかまわず虐殺した。犠牲者は3000～4000人にのぼったという。

『絵本太閤記 2』（家庭絵本文庫）より。1917年作。法橋玉山画。国立国会図書館デジタルコレクション蔵。

あるまじき堕落
『多聞院日記』にそのように書いてある。そのため焼き討ちは宗教弾圧が目的だった、と解釈されることもあるが、やはり報復目的だったとの見方が強い。

織田 信長 @oda-nbng・1571/9/30
またその後の研究などで、当時の比叡山の建築物のなかで、ワシの焼き討ちによって焼失したものも確かにあるが、実際には焼き討ち以前から廃絶していたものが大半だったという指摘もあるのだ。

だからあまり神仏うんぬんと、気にしすぎるな、光秀。

♡ 1 　 ↻ 　 ◈ 　 ▤

 明智 光秀 @akechi-m・1571/9/30
ハア、しかしですね…。
殿が僧侶などの首を、ことごとくはねたことも事実ですね…。

♡ 1 　 ↻ 　 ◈ 　 ▤

 明智 光秀 @akechi-m・1571/9/30
兎にも角にも比叡山の寺領社領は没収され信長様の部下に分配されたわけです。

私・明智光秀は同地域を中心に支配することになり、近江・滋賀郡に坂本城なんかも築城しています。

♡ 1 　 ↻ 　 ◈ 　 ▤

 武田 信玄 @tk-shin-gen・1571/9/30
騒動から逃れた延暦寺側の勢力は、ワシ・武田信玄に庇護を求めてきたのだな。

ワシは信心深いタイプなので、彼らを保護しつつ延暦寺の復興まで計画したものの、その後、うっかり病死。復興は実現しなかったのだがな。

まあ信長の恐ろしい一面が垣間見える出来事と言えるな。

♡ 1 　 ↻ 　 ◈ 　 ▤

> **信玄の復興計画**
> 身延（山梨県）に移転して復興させようとしていたらしい。信玄はたくさんの僧に帰依していて、仏教関係の人脈も多かったとか。

三方ヶ原の戦い

家康の人生の「汚点」

信長より約10年遅れで生まれた徳川家康。のち江戸幕府を開く彼が、大敗を喫した戦いがある。その相手は、あの武田信玄だった。

人質に取られがち

6歳から8歳まで織田信秀（信長の父）の人質として尾張で生活。その後、今川義元の人質として駿府で暮らした。家康の父・松平広忠が今川氏から支援を受ける見返りとしての「取引」だった。

7:21

🔔➕ 🏳 合戦する

徳川 家康

@tk-ieyasu フォローされています

三河で大名やっています。幼名は竹千代。風体はたぬき似。「#三河の小せがれ」って呼んでもらってOKです。小さい頃から人質に取られがちだったので波乱の人生を送ってきましたが、まわりの先輩武将に日々助けられております。ホトトギスは鳴くまで待つタイプ。粘り強く頑張れば最後に天下が取れると信じています。好きな食べ物は#鯛の天ぷら

📍 浜松城

🗓 天文11年よりBushitterを利用しています。

1,543 フォロー中　**1,616** フォロワー

 本多忠勝さん、服部半蔵さん、井伊直政さん、他255名にフォローされています。

書状　　**書状と返書**　　絵巻物　　あっぱれ

 徳川 家康　@tk-ieyasu・1580/12/2
三方ヶ原の戦いで武田信玄さんに負けた時にめちゃくちゃ慌てて逃げ出したのですが、その時に「漏らしたのではないか？」といった噂をされる方がいるようです。
改めてお伝えしますが、あれは漏らしたのではなく味噌ですね。そういう嘘は信じないようにお願いします。
#徳川家康からのお願い

➕

タイムライン・三方ヶ原

家康が「失敗」を反省する

9:45

← **書状と返書**

徳川 家康 @tk-ieyasu・1573/1/25
1573年に、武田信玄さんが率いる軍勢と、私・徳川家康が遠江の三方ヶ原で戦ったのが「三方ヶ原の戦い」ですね。

💬 1

武田 信玄 @tk-shin-gen・1573/1/25
家康と織田信長が同盟を組んで、ワシに挑んできよった合戦だな。フフ。

💬 1

徳川 家康 @tk-ieyasu・1573/1/25
当時、信長殿は足利義昭さんとの関係が悪化しており、義昭さんの呼びかけに応じた信玄さんが、信長殿討伐を目的としてまずは徳川の領国に侵攻してきたと言われています。

私としてはいい迷惑というか。。

💬 1

> **義昭さんの呼びかけに応じた信玄さん**
> P43の「信長包囲網」のこと。

武田 信玄 @tk-shin-gen・1573/1/25
巻き込まれ系だな。
戦国時代にはよくある。

💬 1

徳川 家康 @tk-ieyasu・1573/1/25
そんな経緯がありつつも、信玄さんの軍勢は容赦なく徳川領に攻め込んできたわけです。

軍勢はまずは徳川領の要所・二俣城を攻略してきました。

しかも相当な大軍を率いて攻め寄せてきたので、流石に焦りました…。

💬 1

武田 信玄 @tk-shin-gen・1573/1/25
家康軍が8000人。信長が3000人の援軍を送ってきよったが、武田軍は本隊だけでも約2万5000人の大軍。

その程度の軍勢ではな。ワハハ。

徳川 家康 @tk-ieyasu・1573/1/25
私の居城である浜松城にも軍勢が迫ってきたのですが、ここで信玄さんは浜松城をまさかの素通りしてしまうわけです…。浜松城で籠城に備えていた私は、、

「どういうこと？？」

「うちの城は攻めるに値しないってこと？」

って頭に血が上っちゃったのですよね…。

武田 信玄 @tk-shin-gen・1573/1/25
甘いのう。これはワシの作戦だったのだな。

籠城戦に持ち込まれると時間がかかるので、家康を城をからおびき出すためにあえて城をスルーしたというわけだ。

小童めが、フフフ…。

徳川 家康 @tk-ieyasu・1573/1/25
そうなんですよね…。普通に考えたらおびき出す罠とわかりそうなんですが、私は

```
 ＿人人人人人人人人＿
 ＞　なめるな信玄！　＜
 ￣Y^Y^Y^Y^Y^Y^YY￣
```

ってなもんで、勇んで信玄さんの軍勢を追ったのですよね…。

「なめるな信玄！」
当時、家康は31歳、信玄は53歳。血気盛んな若武者を手玉に取った老獪戦術だった。

60

徳川 家康 @tk-ieyasu・1573/1/25
そうしてバッチリおびき出されてきた我々に
対して、三方ヶ原の台地で武田軍は「魚鱗の
陣」で待ち構えていたのですよね…。

戦力差も大きく戦いはあっさり終了。織田・
徳川連合軍は敗退しちゃいました…。

徳川 家康 @tk-ieyasu・1573/1/25
私も命からがら浜松城に逃げ帰るのですが、
有力な家臣が次々と討ち死に。

私も自ら刀を振るいながらの敗走となり、人
生で一番ヤバかった事件でした…。

はあ、怖かった…。

武田 信玄 @tk-shin-gen・1573/1/25
家康の焦りっぷりが目に浮かぶなw

諸説あるが、家康が三方ヶ原の戦いで敗れた
時に、自身を戒めるために自画像を描かせた
と言われる「徳川家康三方ヶ原戦役画像(通称
「しかみ像」)」も有名だな。画像はそれをモ
チーフにした像だがすごい顔をしておるなw

魚鱗の陣
上から見るとピラミッドの頂点を相手にぶつけるような形で、一点突破を狙う陣形。家康は2時間ほどで敗走した。

散った家臣
家臣の夏目広次。家康から兜と馬を借り、身代わりとなって撤退を促したという。

長篠の戦い

「刀剣」から「鉄砲」の時代へ

「戦国最強」武田騎馬隊が敗北——長篠の戦いは、日本で初めて鉄砲が大量に使われた合戦とされる。ゲームチェンジの一戦を見ていこう。

家を継いだ四男

長男の義信が継ぐ予定だったが、謀反が疑われ、信玄によって幽閉。二男は目が不自由だったため出家、三男は夭逝してしまったため、四男の勝頼が家を継いだ。

7:21

合戦する

武田 勝頼

@tk-katsuyori フォローされています

武田信玄の四男・勝頼です。甲斐武田家第17代当主。母方の諏訪氏を継いで高遠城の城主をやっていましたが、天正元年に父が陣没した際に家督を継いでおります。父が偉大というか有名すぎるので色々苦労もありますが、「甲斐の信玄が病死したその後は続くまい」なんて言われないよう、一生懸命頑張っていきたいと思います！

🏯 高遠城

 天文15年よりBushitterを利用しています。

1,546 フォロー中　**1,582** フォロワー

山県昌景さん、武田信豊さん、穴山信君さん、他2名にフォローされています。

書状　　**書状と返書**　　絵巻物　　あっぱれ

武田 勝頼 @tk-katsuyori・1575/6/30
父親の武田信玄ですが、死ぬときに「ワシの死を3年隠せ」っていう遺言を残していった話は結構有名だと思いますが、ただマジでめちゃくちゃ早くバレたんですよね。。
葬儀も先送りして、かつ影武者とか使ったりしてだいぶ頑張ったのですが。。

人の噂の広まるは疾きこと風の如し。

タイムライン・長篠

鉄砲隊vs騎馬隊、勝者は…

22:43 ‧‧‧ 📶 🛜 🔋

← **書状と返書**

織田 信長 @oda-nbng・1575/6/29
1575年、三河の設楽原において織田信長・
徳川家康の連合軍と武田勝頼が戦った合戦が
「長篠の戦い」だな。

「長篠合戦図屏風（模本）」。19〜20世紀作。東京国立博物館蔵。

💬 1　　　　　　

武田 勝頼 @tk-katsuyori・1575/6/29
父・信玄の跡を継いだ私・武田勝頼。

家康が占領する三河に侵攻しておりました。
その中で、長篠の西に位置する設楽原で織田
・徳川連合軍と激突することに。

💬 1　　　　　　

織田 信長 @oda-nbng・1575/6/29
我々は鉄砲を主力として用いることを計画し
ており、1000丁の鉄砲を準備しておった。

馬防柵と呼ばれる馬での通行を妨げる防御設
備も設置して、武田軍を待ち構えたのだな。

💬 1　　　　　　

馬防柵
2kmもの長さにわたって築かれていた、とも言われている。

自慢の騎馬隊で突撃
信玄の代から仕えていた重臣たちは、勝頼に撤退を進言した。だが、当時29歳の勝頼はそれを拒否して進軍した。

 武田 勝頼 @tk-katsuyori・1575/6/29
我々は自慢の騎馬隊を中心に攻撃を仕掛けたのですが、馬の機動力を馬防柵に阻まれ、さらには鉄砲隊からの銃撃を受けて、多くの武将を失うことになりました…。

馬防柵と鉄砲のコンボがヤバいのですよね…

 織田 信長 @oda-nbng・1575/6/29
午前8時ごろから始まった合戦は織田・徳川優勢で進み、午後2時ごろになると武田軍はついに敗走。勝頼のやつもそそくさと信濃へ逃げよった。

ワシの完全勝利というわけだ。ガハハ。

 織田 信長 @oda-nbng・1575/6/29
有力大名だった武田氏が敗れるという、戦国時代の節目のひとつとなった長篠の戦い。

戦いにおいても騎馬中心の「個人戦」から、足軽・鉄砲隊を中心とした「集団戦」への変化が起きたエポックメイキングな合戦とも言われておるのだな。

織田軍は3000丁の鉄砲を集めたと言われておるが、実際には1/3の1000丁程度だったとみられている。まあそれでも凄い数だがな。

武田 勝頼 @tk-katsuyori・1575/6/29
実際には鉄砲より馬防柵のほうが厄介だったのですけどね…。

騎馬を駆使して戦うという武田の戦い方は、徐々に時代遅れになっていくわけですね。

 1

織田 信長 @oda-nbng・1575/6/29
まあ時代は移り変わるものだからな。

ワシが長篠で用いたとされる、三列の鉄砲隊が交代しながら射撃を行う「三段撃ち」も後世では有名だが、これも実は実効性があったかは疑問視されていたるのだな。

まあこれもロマンのない話だが。

 1

「三段撃ち」はなかった？
信長の側近が記した、信頼度が高いとされる資料『信長公記』には三段撃ちの記述がない。そのため江戸時代にできた創作とみられている。

武田 勝頼 @tk-katsuyori・1575/6/29
我々、武田家はこの合戦で、山県昌景、土屋昌次、馬場信房など、父・信玄の時代から家臣を務めた有力武将を含め、約1万人が戦死したと言われています。

これにより我が家の勢力は急速に衰え、その後、滅亡しちゃいます…。父上ごめん！

 1

衰えて滅亡
家臣が次々と離反し、信長や家康側に着いてしまう。その後、居城を捨てた勝頼は、信長軍に追い詰められた天目山（山梨県）で自害した。

中国情勢／毛利元就

「三本の矢」の軍略家

知恵を発揮し、戦況を変える。元就はそんな「知将」の代表格だ。水軍を率い、中国地方を支配した彼のキャリアとは。

中国地方を支配

当時、貴重な銀資源を有する石見銀山の支配権をめぐって争いが絶えなかった中国地方。元就の家は、国人領主（国よりも小さい郡などを支配していた武士）にすぎなかったが、知略を用いて中国を制覇した。

3本束ねれば折れにくい

いわゆる「三本の矢」の元ネタ。

7:21

合戦する

毛利 元就
@moury-moto-nari　フォローされています

中国方面で活動している戦国武将の毛利元就と申します。国人領主の父・毛利弘元の次男として生まれました。陶晴賢、尼子晴久などを討ち倒して中国地方を支配しています。策略や駆け引きに興味あり。#軍略 #政略 #謀略 などに興味ある人はお気軽にフォロー&同盟打診ください。隆元・元春・隆景の三子もどうぞご贔屓に。

🏯 郡山城

📅 明応6年よりBushitterを利用しています。

1,497 フォロー中　**1,571** フォロワー

 毛利隆元さん、吉川元春さん、小早川隆景さん、他33名にフォローされています。

書状　　**書状と返書**　　絵巻物　　あっぱれ

 毛利 元就 @moury-moto.. ・ 1582/7/1
先日、息子たちを集めて結束することの大事さを説いたプレゼンを行いました。1本の矢だと折れやすいが、3本束ねると折れにくい、というデモンストレーションを行って諭してみました。
これからも一致団結して毛利家を末永く盛り立てていってほしいものです。
#三子教訓状

タイムライン・毛利元就

中国での激戦を振り返る

22:43

← **書状と返書**

 毛利 元就 @moury-moto・1582/7/1
この頃の中国地方の情勢は、私が詳しく説明しますね。私は、出雲の大名・尼子晴久に仕えたのち、周防の大内義隆の配下に。
義隆が家臣である陶晴賢に討たれると、厳島の戦いで晴賢を倒し弔い合戦に勝利。
その後、長門、周防などを配下に収め領地を広げていきました。

 毛利 元就 @moury-moto・1582/7/1
さらにその後、1566年に古巣の尼子氏を討ち取り中国地方を支配。一国人領主の立場から有力武将へとのし上がっていきました。
すごいでしょ？

 毛利 元就 @moury-moto・1582/7/1
また毛利水軍の基礎を作ったのも私。私の死後、当主となった孫・毛利輝元の代でも、織田信長との死闘や、四国・九州征伐などにも参戦し、大きな役割を果たしました。

 豊臣 秀吉 @hide-yoshi・1582/7/1
毛利氏との戦いでは、備中高松城の水攻めも有名ですよね。城の周囲に堤防を築いて、川の水を引き入れるという作戦ですね。
ただその時は某アクシデントが発生し、和睦交渉をすることになりましたね。いやはやその節は輝元さんに大変お世話になりました。

厳島の戦い

持ち前の軍略で戦力差を覆した一戦。敵軍に風説を流して分断工作を図ったり、部下をわざと裏切らせて相手を油断させたりした。

毛利水軍

毛利家が編成した水軍。姻戚関係にある村上家の「村上水軍」も取り込み、瀬戸内海を支配した。

備中高松城の戦い

1582年に秀吉が毛利輝元を攻撃した戦い（P86）。

四国情勢／長宗我部元親

遅咲きでも土佐から出世

当時、「土佐七雄」が割拠していた土佐（高知県）。この地を平定し、四国統一にリーチをかけたのが、七雄の一人・長宗我部元親だった。

7:50

合戦する

長宗我部 元親

@chosokabe-m フォローされています

土佐出身・長宗我部ファミリー所属。父は、平時は農耕に従事し、有時には軍務につくことを義務づける半農半兵の仕組み「一領具足」の考案者・長宗我部国親です。「土佐の出来人」「姫若子」「鬼若子」等々いろいろな名前で呼ばれていますので、お好きな名でお呼びください。好きな言葉は#一芸に熟達せよ。多芸を欲張る者は巧みならず

🏯 岡豊城

📷 天文8年よりBushitterを利用しています。

1,539 フォロー中　**1,599** フォロワー

 長宗我部国親さん、春日局さん、福留儀重さん、他2人にフォローされています。

書状　　**書状と返書**　　絵巻物　　あっぱれ

 長宗我部 元親 @chosok... · 1582/7/1
ちょっと恥ずかしい話なのですが、前に土佐領内で"禁酒令"を出していたことがありました。ただその期間中に、めちゃくちゃお酒が飲みたくなってしまいまして、こっそり城内にお酒を運ばせたのですよね。それが家臣の福留儀重さんに見つかって、めちゃくちゃ怒られました。
マジ申し訳…。

自分で出した禁酒令を破った
このできごとがきっかけで、元親は禁酒令を解いたとか。

タイムライン・長宗我部元親

四国制覇の道のりを語る

22:43

書状と返書

長宗我部 元親 @chosok... ・1582/7/1
さて四国地方の情勢ですね。四国といえば長宗我部。長宗我部といえば長宗我部元親。そんな私の初陣はなんと22歳、父・国親が本山氏を攻めた長浜の戦いが初陣でした。遅咲きだったのですよね。

長宗我部 元親 @chosok... ・1582/7/1
幼い頃は「姫若子」なんて可愛らしい名で呼ばれちゃっていたのですが、合戦場では「鬼若子」と呼ばれるほどの獅子奮迅の活躍をしました。
四万十川の戦いでは公家出身の大名・一条兼定に勝利し、土佐統一を果たしています。

長宗我部 元親 @chosok... ・1582/7/1
その後も四国内で勢力を拡大し、最後は伊予の河野氏を降伏させて、ついに四国統一を果たしました。
「土佐の出来人」というニックネームもこのあたりの活躍から付けられたものですね。

織田 信長 @oda-nbng・1582/7/1
長宗我部氏の勢力拡大に危惧を抱いたワシは元親に対して臣従を迫っておった。元親はそれに反発、いよいよ織田勢の四国攻めが秒読み段階だったのだがワシはその後で…。
そんなこんなで元親は四国を統一したのだな。

四万十川の戦い

1575年の合戦。四万十川をはさんで両軍が対峙したが、圧倒的な軍勢で元親が勝利した。

四国を統一したものの……

四国のほぼすべてを手中に収めた元親だが、その後、統一を進める秀吉によって征伐されてしまう。結局、所有を認められたのは土佐の一国のみだった。

九州情勢／島津義久

薩摩から躍進した四兄弟

島津家、大友家、龍造寺家の三家が台頭し、「九州三国志」とも呼ばれた当時の九州。統一目前まで行った島津家16代当主が語る。

タバコビジネス
江戸時代、薩摩藩の藩主になった晩年の義久は、藩の財政を支えるために葉タバコの栽培事業をおこなっていた。

16:11

　　　　　合戦する

島津 義久
@simazu-yoshihisa フォローされています

薩摩を中心に活動している島津氏・第16代当主の島津義久 公式アカウント。島津家・四人兄弟メンバーである義弘(@simazu-yoshihiro)、歳久(@shimazu-toshi-hisa)、家久(@shimazu-iehisa)と一緒に九州統一を目指して日々活動している。葉タバコ栽培などの地場ビジネスも構想中。薩摩は土地が痩せているため、安定した収入源の確保が夢。

🏯 内城
📅 天文2年よりBushitterを利用しています。

1,533 フォロー中　**1,611** フォロワー

島津義弘さん、島津歳久さん、島津家久さん、他99名にフォローされています。

書状　　**書状と返書**　　絵巻物　　あっぱれ

島津 義久 @simazu-yoshih... ・ 1582/7/1
あまりイメージがないかもしれないが、占いやクジが趣味。なので合戦に行く前には、必ずクジで吉凶を占ってから出陣するようにしている。ただ、あまりにクジを引きすぎて家臣から呆れられることもしばしば。大友宗麟と戦う前はたしかにめちゃくちゃ何回もクジを引いた覚えがあるな…。
#今日のラッキー戦法は「釣り野伏せ」

タイムライン・島津義久

九州の覇者、栄光と転落

22:43   ॥ 🛜 ▪️

←   **書状と返書**

 島津 義久 @simazu-yoshi... ・ 1582/7/1
さて、九州の情勢についてはこの島津義久がお伝えしよう。父である島津貴久から家督を継ぎ、領国化を推し進めていた薩摩と大隅に続いて、日向の伊東氏を破り配下に収め、まずは三国を制圧したのだな。

💬 1

 島津 義久 @simazu-yoshi... ・ 1582/7/1
その後も耳川の戦いにおいて、当時、九州最大の戦国大名であった大友宗麟に大勝。
続く沖田畷の戦いでは九州西部で強大な勢力を誇った龍造寺氏も撃ち破り、九州全土をほぼ手中に収めたわけだ。
ワシを中心に義弘、歳久、家久らが結束して九州平定を推進した結果だな。

💬 1

 豊臣 秀吉 @hide-yoshi ・ 1582/7/1
そんな島津氏の九州平定への動きに対して、待ったをかけたのが天下取りを目論んでいた私、秀吉。
島津氏の勢力拡大への危惧と、義久に追い詰められた大友宗麟らが助けを求めたことに応じて、九州平定に乗り出しました。

💬 1

 島津 義久 @simazu-yoshi... ・ 1582/7/1
宗麟め…、なんと情けない。
結果として島津家は降伏。ワシは剃髪して名前を変え、ようやく薩摩一国だけ領有を認められた。これにより九州の勇・島津氏は多くの領地を失ってしまったわけだな。

耳川の戦い

兵の数では負けていた島津。「釣り」部隊で敵をおびき寄せてから「野伏せ」部隊が敵を横から挟み撃ちにする「釣り野伏せ」作戦を駆使し、大友軍を破った。

九州平定

1586年、中国・毛利氏や四国・長宗我部氏を従えた豊臣秀吉は、数十万の大軍で九州に攻め入り、西日本を統一した。

第 ③.⑤ 章

本能寺の変

1582年

この章のタイムライン

関係者たちが証言する

青天の霹靂だった。衝撃を受けたのは、信長本人だけではない。戦国史を「以前」「以後」に分ける大事件を、追う。

13:43 ‖ 📶 🔋

← **書状と返書**

織田 信長 @oda-nbng・1582/6/21
日本史において最も有名な事件のひとつであるのが、1582年（天正10年）6月2日に発生した「本能寺の変」だな。

本能寺に滞在中のワシに対して、家臣である明智光秀が謀反を起こした事件だ。

💬 1   🔁   👁   🔷

明智 光秀 @akechi-m・1582/6/21
僅かな手勢と滞在していたため手薄だった信長様に対して、1万3000人もの軍勢を率いて私が襲いかかっちゃった事件ですね。

寝込みを襲われた信長様は、本能寺に火を放ち最後は自害。天下統一の夢は、私の裏切りで潰えてしまったわけです…。

「本能寺焼討之図」。明治時代作。歌川延一画。東京都立図書館蔵。

💬 1   🔁   👁   🔷

豊臣 秀吉 @hide-yoshi・1582/6/21
これには本当に驚きました…。
当時、織田勢は天下統一を目前にしており、中国・四国の平定などを推し進めている最中でした。
私は中国征伐、三男である信孝様は四国征伐に取り組んでおり、殿のお近くにいなかったのですよね…。

💬 1   🔁   👁   🔷

74

織田 信長 @oda-nbng・1582/6/21
ふむ…。

柴田勝家は北陸方面、滝川一益は関東方面に遠征しており、京周辺は本当に手薄な状態だったわけだ…。

 1

 明智 光秀 @akechi-m・1582/6/21
おっしゃるとおり。
京にいた信長様の周辺が手薄な状況で、近江や丹波などを支配していた私は、自由に大軍を動かせる立場にありました。

そんな折「中国攻めを援護せよ」との命も下り、軍を動かす口実もできちゃったのですよね。いま思い返せばめちゃくちゃ謀反フラグが立っている感じではありますね。

1

 里村紹巴 @j-satomura・1582/6/21
どうも、連歌師・里村紹巴です。光秀様は本能寺の変の直前に、愛宕山での連歌会に参加されたのですが、その時、

「ときは今 あめが下しる 五月かな」

という句を詠まれておりますね。これは内容的に「謀反の匂わせ」とも言われています。

1

> **ダブル・ミーニング**
> 単純に解釈すると、「今は雨が降る五月だなあ」となる。

 明智 光秀 @akechi-m・1582/6/21
バレてましたか…。
「とき」は「土岐」で源氏の末裔である土岐氏一族である私を表し、「あめが下しる」は「天下を治める」。つまり「土岐氏の一族である私こそが天下を治めるべき」とも読めるわけですね。匂わせすぎましたかな。
兎にも角にも、こうして私は本能寺へと兵を進めたわけですハイ。

 1

豊臣 秀吉 @hide-yoshi・1582/6/21
中国地方に遠征へ向かうはずだった光秀殿。
桂川付近に到着すると、鉄砲の火縄に火をつけるように命じました。

これはいわゆる「戦闘準備」を意味するためこの時点で光秀殿は明確に信長様への謀反を決断していたと思われます。

 1

明智 光秀 @akechi-m・1582/6/21
やるしかない、っていう状態ですね。大河ドラマなど後世の創作物では、私が

「敵は本能寺にあり」

と宣言したというエピソードも有名ですが、これは残念ながら俗説。大きな決断だったことには間違いないのですが。

 1

森蘭丸 @run-maru・1582/6/21
小姓の蘭丸です。上記の流れで光秀の軍勢が信長様の滞在する本能寺に迫ったわけです。本能寺の外が騒がしくなった時も、最初はまさか謀反の軍勢とは思わず「下々のものが喧嘩でもしているか？」と思っていたのですよね。
それほどのサプライズ謀反だったわけです。

 1

織田 信長 @oda-nbng・1582/6/21
そうよな…。
ようやく謀反ということを認識したあと、蘭丸を物見に行かせたのだが、光秀の旗印が本能寺を囲んでいた事を知り、それに対して「是非に及ばず（やむを得ないことだ）」とワシは言ったとされておるのだな。
なんとなく予感めいたものがあったのかもしれんな。

 1

森蘭丸
小姓とは、武将の雑用をこなす少年のこと。信長の家臣である森可成の子であり、小牧・長久手の戦い（P96）で討ち死にした森長可の弟。当時、18歳だった。

森蘭丸 @run-maru・1582/6/21
本能寺を取り囲んだ明智勢に対して、信長様ご自身や小姓衆などが応戦しましたが多勢に無勢。

次々と討ち死に、信長様も弓や槍を手に応戦されていましたが、手傷を負い本能寺の奥に退かれました。

織田 信長 @oda-nbng・1582/6/21
本能寺にはすでに火もかけられており、ワシはついに覚悟を決めたわけじゃ。

本能寺に滞在していた女たち等を逃がすように伝え、殿中の奥深くに籠もり切腹したのだな。

天下統一を前になんとも無念じゃ…。

「真書太閤記　本能寺焼討之図」。1894年作。揚斎延一・延重画。岐阜県博物館蔵。

織田 信忠 @@oda-nobu...・1582/6/21
当時、父に代わって織田家の当主を務めていた私、信忠も同じく光秀の軍勢に襲われました。
滞在していた妙覚寺から二条御所に移り、懸命に応戦しましたが、最後は父上と同じく、火が放たれた建物の中で自害という最期を迎えました…。ぴえん…。

光秀が裏切った理由

怨恨説のほかにも、光秀が天下をねらっていたという「野望説」、秀吉や足利義昭を真犯人とする「黒幕説」などがある。
また近年は、光秀が友好関係にあった長宗我部元親を守るために、四国攻めをたくらむ信長を討ったとする「四国説」も唱えられている。

織田 信長 @oda-nbng・1582/6/21
家臣からの謀反により討たれたワシだが、「光秀がなぜ謀反を起こしたのか？」については諸説あるのだな。

その中で主要なものの一つが「怨恨説」。

光秀に対する無理な命令や横暴な振る舞いなどに対して、光秀が恨みを募らせたというものだな。ワシそんなに酷いことしたかな…。

明智 光秀 @akechi-m・1582/6/21
お忘れですか…。
例えば武田氏を滅ぼした際に、私が「苦労した甲斐があった」と発言したのを聞いて「お前になんの功績があったのか」と信長様が激怒して私の頭を欄干に打ち付け、めちゃくちゃ叱責しましたよね…？

他にも家康様を接待した際に「腐った魚を用意した」と難癖をつけ、饗応役を解任もしましたよね…？
まだまだありますよ！

織田 信長 @oda-nbng・1582/6/21
……。まあ今となっては真相は闇の中だが、本能寺では変のあとワシの遺体が見つからなかったなど色々謎も多いしな。

森蘭丸 @run-maru・1582/6/21
大河ドラマなどで描かれがちな「敦盛」の件も創作なんですよね。幸若舞・敦盛の一節、

「人間五十年、下天のうちを比ぶれば、夢幻の如くなり」

を舞うやつ。燃える寺でそれはないですよね。
 1 　　　

織田 信長 @oda-nbng・1582/6/21
桶狭間の戦いの前夜、出陣前に敦盛の一節を歌いながら舞ったというエピソードは「信長公記」には記されているのだがな。まあワシほどのカリスマの最期だから、いろいろ想像が膨らむのであろう。
 1 　　　

徳川 家康 @tk-ieyasu・1582/6/21
一方で我々残されたメンバーは夢でも幻でもなく窮地に立たされるわけです。

信長殿の勧めで堺の町を見物していた私。本能寺の変の発生後、伊賀越えを経てなんとか三河へと戻ることができました。
 1 　　　

豊臣 秀吉 @hide-yoshi・1582/6/21
私もこの急報に、中国攻めを中断。

信長様の仇を討つために、備中・高松から京へ向かって「中国大返し」と呼ばれる大移動を行います。

10日間にわたる強行軍を経て京に到着し、光秀との山崎の戦いに挑むわけですね。
 1 　　　

決死の伊賀越え
家康と信長は約20年間にわたり同盟を結んでいた。同盟相手が暗殺され、危機を察知した家康は、三河に帰還すべく、伊賀を通過した。当時、伊賀は信長の攻撃（天正伊賀の乱）により荒廃しており、危険地帯になっていたという。

コラム 安土・桃山の文化

千利休が当時の流行をレクチャー

南蛮貿易の成長とともに発展したのが、豪勢で雄大な城郭や絵画だ。大名たちも魅せられた絢爛豪華な文化を見ていこう。

「座の特権」って？

当時、商人たちは「座」と呼ばれる組合でまとまり、寺社などにお金を払うことで、商業を独占していた。信長はそれを撤廃し、市場を活発にした。

22:43 　　　　　📶 📶 🔋

← 　　　　　**書状と返書**

 千利休 @senno-reQ・1582/7/1
信長殿や秀吉殿が生きた時代の文化や経済などについて、この利休が教えましょう。
まず信長殿は合戦以外でも優れた経済施策を多く行っています。有名なところでは「楽市楽座」「関所の廃止」。
前者は座の特権を無くすことで商業を盛んにし、後者は交通の便を良くすることで物流を活発化させました。

💬 1 　　🔁 　　　🏵️ 　　　🎏

 千利休 @senno-reQ・1582/7/1
建築方面では「城郭建築」ですね。複数の堀を設置し、堅牢な石垣を積み上げ天守などを建築する城郭建築が主流になりました。
安土城や大坂城、伏見城などが代表的な城郭建築ですね。立派な城です。

💬 1 　　🔁 　　　🏵️ 　　　🎏

 千利休 @senno-reQ・1582/7/1
文化方面では私、利休が完成させた茶道の様式「わび茶」があります。
この時代には大名や豪商だけでなく町人へも茶の湯が広がりました。空前の茶ブーム。
利休七哲と呼ばれる私の高弟である七人の武将なども存在します。

💬 1 　　🔁 　　　🏵️ 　　　🎏

千利休 @senno-reQ・1582/7/1

庶民の間で広まったものといえば「阿国歌舞伎」もそのひとつ。
出雲大社の巫女とも伝えられる出雲阿国がはじめたもので、斬新な演出で人気を博しました。これにより女歌舞伎が流行、のちの歌舞伎の発展へとつながるわけですね。

千利休 @senno-reQ・1582/7/1

絵画の世界も発展します。
代表的な絵師といえば狩野派の狩野永徳。信長殿に認められて安土城の築城に際し起用されます。狩野派の一門を率いて天守や御殿などの障壁画を手掛けました。
「唐獅子図屏風」「洛中洛外図屏風」などが狩野永徳の代表作ですね。

千利休 @senno-reQ・1582/7/1

永徳は後に秀吉殿にも重用され様々な作品を手掛けていきます。大坂城や聚楽第、天瑞寺などの障壁画の制作に従事しました。

しかしながら作品の多くは建築とともに失われてしまいました。惜しいものです…。

安土城
信長が琵琶湖の東岸に築いた城。金色に輝く天守をもっていたというが、本能寺の変の後、何者かによって火をつけられ、焼失した。

「唐獅子図屏風」。
16〜17世紀作。狩野永徳・常信画。皇居三の丸尚蔵館蔵。

秀吉が建てた建築
大坂城は秀吉が賤ケ岳の戦い（P92）のあとに建てた城。大坂夏の陣（P125）で焼失した。聚楽第は、秀吉が九州平定のあとに建てた、京都の邸宅。

第 ④ 章

天下統一

1582年～

　シンボル的な存在、といえるのかもしれない。出身にかかわらず、一代で出世することが「戦国ドリーム」なのだとすれば、彼はまさにその体現者だった。逆臣・明智光秀を討ち、重臣・柴田勝家を葬り、果ては全国を制覇。羽柴秀吉改め、豊臣秀吉の「頂点」が訪れる。

17:31

書状と返書

←

BUSYOOニュース @busyo-news-topics
【山崎の戦い】羽柴秀吉が明智光秀に勝利、主君の仇を討つ
news.sengokuu.jp/article/detail...

明智光秀と、中国攻めから急遽帰京した羽柴秀吉による合戦の結果、秀吉が勝利した。また光秀は敗戦後、逃亡中に農民から槍で突かれて、亡くなったことがわかった。

🗨 1   ⇄   👁   ◈

BUSYOOニュース @busyo-news-topics
【清洲会議が開催】織田家の後継者は三法師に決定
news.sengokuu.jp/article/detail...

織田家の後継者を決める会議が清州城で行われ、三法師が跡継ぎとなることがわかった。会議には羽柴秀吉、柴田勝家、丹羽長秀、池田恒興ら、織田家の有力家臣が参加した。

🗨 1   ⇄   👁   ◈

BUSYOOニュース @busyo-news-topics
【天下統一】豊臣秀吉が関白就任を発表、武士として初
news.sengokuu.jp/article/detail...

天下統一した羽柴秀吉が武士の身分としては初となる関白に任ぜられることがわかった。関白就任後は「豊臣」の姓も賜り、今後は豊臣秀吉として活動していく。

🗨 1   ⇄   👁   ◈

👹   🔍   🧅   🚩

山崎の戦い

主君の仇を「天王山」で討つ

信長、謀反に死す――凶報に接した家臣の秀吉は、中国地方から猛スピードで遠征軍を引き返す。仇討ちの決着は。

一晩で
築城しちゃえる
信長の配下で美濃を攻略する際に、一夜で城を築いたという伝承がある（墨俣一夜城）。また後年、小田原の北条氏を攻める際にも一夜城を築いたと言われている。

8:21

合戦する

豊臣 秀吉
とよとみ ひでよし
@hide-yoshi フォローされています

木下藤吉郎 → 木下秀吉 → 羽柴秀吉→豊臣秀吉。尾張出身。好きな言葉は立身出世。小者から身をおこして織田家に臣従。草履取りなどを経て、有力武将をやっております。お猿さんに似ているとか、禿鼠なんて呼ばれることがありますが、夢はでっかく天下人！特技はある程度の城であれば一晩くらいで築城しちゃえることです。

🏯 姫路城
📅 天文6年よりBushitterを利用しています。

1,537 フォロー中　**1,598** フォロワー

織田信長さん、明智光秀さん、ねねさん、他200名にフォローされています。

書状　　**書状と返書**　　絵巻物　　あっぱれ

豊臣 秀吉 @hide-yoshi・1582/6/15
草履取りをやっていた頃、ある日雪が降ってめちゃくちゃ寒かったのですよね。殿の草履もキンキンに冷えていて。でもこれはチャンス！と思って思い切って草履を懐に入れて温めたんですよね。で殿が出てきたら懐から草履をスッと取り出してお出しして。懐かしいな。
#お前の出世ストーリーを晒せ

17:20

合戦する

柴田 勝家
しば た　かついえ

@k-shibata　フォローされています

権六こと柴田勝家だ。あだ名は鬼柴田。「木綿藤吉、
米五郎左、掛かれ柴田に、退き佐久間」という小唄が
あるが、あれの掛かれ柴田っていうのがまさにワシの
ことだな。信長様から北陸方面を任されていて、越前
北庄を拠点に活動している。加賀、能登あたりはすで
に平定したぞ。プロフのヘッダーは、昔、籠城中に覚
悟を決めて叩き割った水瓶の写真だ。ガハハ。

🏯 北ノ庄城

📸 大永2年よりBushitterを利用しています。

1,522 フォロー中　**1,583** フォロワー

 お市の方さん、織田信孝、佐久間盛政
さん、他2名にフォローされています。

書状　　**書状と返書**　　絵巻物　　あっぱれ

柴田 勝家 @k-shibata・1582/6/15
いまは信長様に仕えてはいるが、実は昔、弟
君の信行様に仕えていた時期があって、さら
に信長様を討とうとしていた時期もある。
今考えると随分大それたことをしようとして
いたが、そんなワシでも受け入れてくれた信
長様の懐の深さたるや。

改めてすごい人だったのだなあ。

水瓶を叩き割る
みず　がめ
近江の瓶割山城で
かめ　わり やまじょう
六角氏の攻撃に耐
えていた柴田勝家
が、城中の水瓶を割
って兵士の士気を
鼓舞したという伝承
がある。

打倒・信長作戦
1556年、織田信行
お　だ　のぶゆき
が兄・信長に反逆し
た稲生の戦い。戦
いのう
力では信行・勝家ら
の軍が上を行ってい
たが、勝ったのは信
長だった。

85

織田家臣団の「その後」は?

19:00

← 書状と返書

豊臣 秀吉 @hide-yoshi・1582/6/15
本能寺の変から11日後、私と光秀が戦った合戦が「山崎の戦い」。

両軍は京都にある天王山のふもとで激突しました。この戦いが天下の行方を決めたことから、後世では「勝敗や運命を決める重大な分かれ目」のことを「天王山」と呼ぶようにもなったわけです。

♡ 1

豊臣 秀吉 @hide-yoshi・1582/6/15
本能寺の変が発生した当時、私は毛利氏の備中高松城を水攻めにしていた最中でした。

突然の信長様の死を知り、その事実は伏せたまま毛利氏と講和を結び、すぐさま姫路城に戻りました。

♡ 1

明智 光秀 @akechi-m・1582/6/21
備中高松から姫路までの距離は約92km。その距離を秀吉殿は2万の軍勢を率いてわずか2日で走り抜けたのですよね。

マジで驚きました…。

♡ 1

豊臣 秀吉 @hide-yoshi・1582/6/15
私の第六感が、「ここが頑張りどころ!」と感じ取ったのです。

そのあたりの時流を読む力が、私のスゴい所ですね。そんな私に高山右近、細川幽斎、筒井順慶らの有力武将も味方し、軍勢は4万ほどになりました。

♡ 1

水攻めにしていた

毛利元就の孫・毛利輝元の支配下にある備中高松城。堅い守りに悩んだ秀吉は、城の周囲に堤防を築いたのち、近くを流れる足守川を決壊させ、城を水没させたのだった。

わずか2日で走破

姫路からさらに京に戻るまでを含めて「中国大返し」(P79)と呼ばれている。

明智 光秀 @akechi-m・1582/6/21
そんな秀吉殿の動きに驚きつつ、私も1万6000の兵を揃えて山崎で対峙したのですよね。

正直、中国地方の毛利氏が秀吉殿の背後を突く動きをしてくれると思っていたのですが、呼応してくれなかったのですよね…。

♡ 1　　　↻　　　　　　◈

豊臣 秀吉 @hide-yoshi・1582/6/15
光秀殿もアテが外れましたかな。

そんな中、戦いが始まりましたがやはり戦力差は大きく、決着は短時間でつき、我々秀吉軍が勝利を収めたのですな。
2～3倍の軍勢ですから当然といえば当然ですが。

♡ 1　　　↻　　　　　　◈

明智 光秀 @akechi-m・1582/6/21
面目なさすぎます…。チャンスに弱すぎるというか…。

私はその後、一旦は拠点の勝竜寺城（しょうりゅうじじょう）に逃げ込みましたが、そこから密かに脱出し、近江の居城である坂本城を目指したのですよね。

その途中で落ち武者狩りに遭い、農民たちの手で討ち取られてしまいました。なんとも儚（はかな）い最期でした…。

♡ 1　　　↻　　　　　　◈

豊臣 秀吉 @hide-yoshi・1582/6/15
本能寺の変から山崎の戦いまでの短い期間、光秀殿が権力を握っていたことを
「三日天下」
と称することがありますが、実際には11日ないし12日間の天下だったのですよね。まあ短いことには変わりはないですが…。

♡ 1　　　↻　　　　　　◈

> **落ち武者狩り**
> 農民などが金品目的で敗残兵を襲撃すること。光秀は逃亡中に竹槍で突かれて、短い天下を終えた。

間が悪い勝家
勝家は当時、上杉氏の支配する魚津城を攻撃していた（魚津城の戦い）。6月3日に落城したが、折悪くその前日に本能寺の変が発生していた。

柴田 勝家 @k-shibata・1582/6/15
ども、柴田勝家じゃ。

一方、織田家で筆頭家臣だったワシは、遠く北陸地方を攻略していたため、山崎の戦いには参戦できなかったのだな。タイミングの悪いことに。

💬 1　🔁　◈　❖

豊臣 秀吉 @hide-yoshi・1582/6/15
主君である信長様が討たれ、その仇討ちという重要な局面で、勝家殿は何もできなかったわけですよね…。これは手痛いビハインドですよね？私としてはしめしめといったところですが。

💬 1　🔁　◈　❖

豊臣 秀吉 @hide-yoshi・1582/6/15
そんな山崎の戦いを終え、信長様の亡き後の事態の収拾を図るため、織田家臣団のメンバーで開催されたのが「清洲会議」ですな。

💬 1　🔁　◈　❖

丹羽 長秀 @niwa-nagahide・1582/6/15
勝家殿、秀吉殿に加えて、池田恒興殿、そして私、丹羽長秀が参加した会議ですね。

織田家家臣団
柴田勝家、池田恒興、丹波長秀、滝川一益はいずれも織田信長の下で活躍した家臣。

滝川一益殿は、直前に起きた神流川の戦いにおいて北条氏に惨敗しており敗走。清洲会議には間に合いませんでした。
こういうところでもいろんな巡り合わせがありますねえ…。

💬 1　🔁　◈　❖

柴田 勝家 @k-shibata・1582/6/15
ふむ。
織田家の後継としては信長様の次男・信雄殿と三男・信孝殿が争ったわけだが、ワシは信孝殿を推しとった。

💬 1　🔁　◈　❖

豊臣 秀吉 @hide-yoshi・1582/6/15
私は、信雄殿や信孝殿が後を継ぐことに反対
しました。
私の推し案は、信長様の長男・信忠殿の遺児
である三法師様を跡継ぎにすることだったの
ですよね。
　1

三法師を推す理由
秀吉が影響力を持ちたかったから。三法師は当時3歳。幼い三法師を当主に据えて、その側で実権を握ろうという思惑だった。

柴田 勝家 @k-shibata・1582/6/15
秀吉は山崎の戦いで光秀を討ったという功績
もあり、家臣団のなかでも発言力が強まって
いたのだな…。
さらに4人が集まる場に秀吉が三法師様を抱き
かかえて現れるというウルトラCを繰り出して
きよった。
そうして後継者は、秀吉が推す三法師様に決
まったわけだな。

『大日本歴史錦絵』から「大徳寺ノ焼香ニ秀吉諸将ヲ挫ク」。1896年作。小国政（歌川国政〈五代〉）画。国立国会図書館デジタルコレクション蔵。

豊臣 秀吉 @hide-yoshi・1582/6/15
清洲会議では後継者のほかにも、光秀殿の所
領の分配なども議論されました。この会議以
降は筆頭家臣だった勝家殿の影響力が低下
し、私がナンバーワン家臣に躍り出たという
わけです。
作戦どおり！

賤ヶ岳の戦い

「ポスト信長」に就くのは誰だ

対立を深める秀吉と勝家。信長の遺志を継ぐのはどちらか？決戦の趨勢を決めたのは、ある武将の「寝返り」だった。

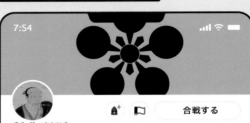

7:54

合戦する

前田 利家
@maeda-toshiie フォローされています

槍の又左です。犬千代なんて呼ばれてたこともありました。10代の頃から信長様に仕えていて、殿と一緒にうつけ活動も長らくやってました。主な参戦した戦は金ヶ崎の戦い、姉川の戦い、一乗谷城の戦い、長篠の戦いなど。得意なことは、たとえ解雇中でも勝手に合戦場に出向いて武功をあげること。夢はいつか百万石の領地を治めることです！

🏯 金沢城
📅 天文7年よりBushitterを利用しています。

1,539 フォロー中 **1,599** フォロワー

 前田慶次さん、織田信長さん、まつさん、他21名にフォローされています。

書状　　**書状と返書**　　絵巻物　　あっぱれ

 前田 利家 @maeda-toshi... ・1582/6/15
昔、笄を信長殿が気に入っていた某茶坊主に盗まれたことがある。
しかもその笄、妻のまつちゃんからのプレゼントだったので、まじでめちゃくちゃ腹が立って、うっかりその茶坊主を叩き斬ってしまいました。おかげでめっちゃ怒られて2年ほど浪人生活してたけど。
あの頃は大変だったなあ…。

勝手に参陣

ある理由で信長にクビにされていた時、桶狭間の戦いに無断で参陣し活躍。さらに翌年も合戦に無断参戦し、武功を挙げ、ようやく信長に出戻りを許された。

茶坊主を叩き斬る

笄 は髪の毛のセットに使う道具。お茶の給仕などをする茶坊主を叩き斬った利家は、信長にクビにされ、上記のエピソードにつながる。

七本槍(@賤ヶ岳)

@seven-yari　フォローされています

賤ヶ岳で活躍した槍グループ「七本槍」の公式アカウントです。メンバーは脇坂安治、片桐且元、平野長泰、福島正則、加藤清正、糟屋武則、加藤嘉明の七人です。秀吉様の馬廻衆・小姓衆だった僕たちですが、感謝状をもらってそれぞれ禄を得ることができました！これからも秀吉様を支えるために、みんなで心と槍を一本にして活動中です！

⚔ 賤ヶ岳合戦場
📷 天正11年よりBushitterを利用しています。

1,583 フォロー中　**1,583** フォロワー

豊臣秀吉さん、丹羽長秀さん、織田信雄さん、ほか41名フォローされています。

| 書状 | 書状と返書 | 絵巻物 | あっぱれ |

 七本槍(@賤ヶ岳)　@se... · 1582/6/15
【賤ヶ岳の七本槍まめ知識】僕たちは賤ヶ岳で活躍した七人が集まって七本槍と呼ばれていますが、実は賤ヶ岳で活躍したのは九人だったんです！
櫻井佐吉くん、石川一光くんというメンバーもいたのですが、二人は戦死・病死してしまい、七本槍になったんですねー。
#九本槍の可能性もあった

秀吉の
若手グループ

馬廻りは、馬に乗って主君の周りを警護する武士のこと。このあと大出世した者（加藤清正など）もいれば、そこまでしなかった者（平野長泰など）もいた。禄は給与のこと。

タイムライン・賤ヶ岳

最終決戦 秀吉 vs 勝家

豊臣 秀吉 @hide-yoshi・1582/6/15
1582年、我らが殿である信長様の葬儀が京の大徳寺で執り行われました。

およそ3000人が参列するという大規模かつ絢爛豪華な葬儀になりましたよね。沿道は私の弟である秀長が、およそ3万人の軍勢で警護にあたりました。

ほんとに一大イベントでしたよね！

○ 1　　⊔　　　　🍶　　　　　↑

一大イベント
葬儀は10月11日から7日間にわたって開かれ、とくに15日に行われた葬礼が盛大だったという。秀吉のプロデュース力が発揮されている。

柴田 勝家 @k-shibata・1582/6/15
そうだったらしいな…。

秀吉の養子である羽柴秀勝（信長の四男）が喪主となり、秀吉は信長様の位牌を手にして葬儀に参列しよったと聞いたが…。

○ 1　　⊔　　　　🍶　　　　　↑

豊臣 秀吉 @hide-yoshi・1582/6/15
え？？

勝家殿、来なかったのですか？？

まあ、信長様亡き後の織田家は、この秀吉が支えていく、というのを世間にしっかりアピールできましたけどね！

○ 1　　⊔　　　　🍶　　　　　↑

柴田 勝家 @k-shibata・1582/6/15
ぐぬぬ…お主が呼ばなかったのだろうが…。

秀吉めは他の宿老である丹羽長秀や堀秀政とは会合しながら、ワシのことは無視して、まったくの蚊帳の外に追い出しよった。
信長様との関係を鑑みれば、葬儀についてワシに真っ先に相談すべきであるはずなのに…。
めちゃくちゃモヤモヤが残る一件だったな。

○ 1　　⊔　　　　🍶　　　　　↑

豊臣 秀吉 @hide-yoshi・1582/6/15
まあすべて私の計算どおりなんですがね。

そうしていよいよ私と勝家殿との対立は表面化していき、賤ヶ岳の合戦へとつながっていくわけですね。

💬 1　🔁　👁　⬆️

柴田 勝家 @k-shibata・1582/6/15
ワシは信長様の三男である信孝様と、さらには滝川一益とも手を結び、秀吉に対抗。

秀吉も信長様の次男である信雄様と手を結び両者の激突は必定となったわけだな。

💬 1　🔁　👁　⬆️

滝川 一益 @takigawa-kz・1582/6/15
そして1583年、私・滝川一益がついに挙兵いたしました。

いくつかの城を攻略し、大軍を率いて押し寄せる秀吉勢に対して、粘り強く抵抗を続けていたのですよね。

勝家殿、一緒に頑張りましょう！

💬 1　🔁　👁　⬆️

柴田 勝家 @k-shibata・1582/6/15
さすが一益殿！頼りになる！

ただ、そんな一益殿の頑張りの裏でワシが何をやっていたかというと、うっかり越前にいちゃったものだから、雪のせいで軍をまともに動かすことができなかったのだな…。

ワシ、こんなのばっかりだな…。

本当にすまぬぞ、一益殿…。

💬 1　🔁　👁　⬆️

先に攻撃したのは秀吉

1582年12月、秀吉は、勝家の配下にある長浜城（ながはまじょう）を落とす。続いて織田信孝（おだのぶたか）が守る岐阜城（ぎふじょう）も攻撃し、敗走させた。滝川一益はこうした秀吉の攻撃に抵抗した。

雪のせいで…

折しも季節は冬。豪雪地帯の北陸ゆえに身動きが取れなかった。勝家は本能寺の変の時も、越中（えっちゅう）にいたため秀吉に先を越されるなど、間が悪い。

七本槍(@賤ヶ岳) @se… ・ 1582/6/15
その後、ようやく軍を動かした柴田勝家殿の軍勢と、秀吉様の軍勢が対峙したのが、僕たち賤ヶ岳の七本槍も参戦した、「賤ヶ岳の戦い」ですね。

「賤ケ嶽七本鎗高名之図 福嶋市松」。豊国画。国立国会図書館デジタルコレクション蔵。

♡ 1　⟲　👁　🔗

豊臣 秀吉 @hide-yoshi ・ 1582/6/15
我が軍は、滝川一益、柴田勝家、織田信孝と三方向から攻められるというかなりまずい事態に陥ってしまっていたのだな。

♡ 1　⟲　👁　🔗

復活の信孝
一度敗走した織田信孝がふたたび挙兵。秀吉を引き付け、勝家が進軍するチャンスをつくった。

七本槍(@賤ヶ岳) @se… ・ 1582/6/15
結構ピンチでしたよね…。

秀吉様はまずは織田信孝殿を倒すために美濃岐阜城に向かっていたのですが、その隙をついて勝家殿が賤ヶ岳付近で、攻撃に出たのですよね。

♡ 1　⟲　👁　🔗

豊臣 秀吉 @hide-yoshi ・ 1582/6/15
うむ…。この報を聞いて私は軍勢を美濃から賤ヶ岳に引き返させたのだな。

いわゆる「美濃大返し」と呼ばれる行軍。

52kmをわずか5時間で走破して賤ヶ岳での合戦に駆けつけたのだな。

♡ 1　⟲　👁　🔗

前田 利家 @maeda-toshi... ・1582/6/15
いやあ、びっくりしましたよね…。

そうして開始された賤ヶ岳の戦いですけど、柴田側として参戦していた私・前田利家の軍勢が突如として戦線を離脱しちゃいます。すいません…。

 1

 前田 利家 @maeda-toshi... ・1582/6/15
言いにくいのですが、実は以前から秀吉殿に勧誘されていたのですよね…。こっちにつかないか？って。
兎にも角にも、私の離脱によって勝家殿の軍勢は総崩れとなっていきました。

 柴田 勝家 @k-shibata ・1582/6/15
利家め…。越前に撤退した我々は城に立てこもり防戦。だが最後は天守に火を放ち、妻であるお市とともに自害したのだな。

信長殿、ワシ、悔しいです…。

 1

 七本槍(@賤ヶ岳) @se... ・1582/6/15
秀吉様の勝利に終わった賤ヶ岳の戦い。

僕たち七本槍が活躍したとされていますが、実は有力な家臣がいなかった秀吉様が「自分の子飼いを過大に評価した」という側面もあるらしいです。つまり贔屓…？

実際、加藤清正さんなんかは「七本槍」を話題にされるのをめちゃくちゃ嫌っていたりします。うーん、聞きたくなかった…。

 1

利家の寝返り

利家にとって、秀吉は年も近く、信長家臣として共に戦った盟友。一方、勝家は家臣のなかでも17歳上の大先輩。寝返りには葛藤があったかもしれない。

夫婦で自害

勝家とお市はこの前年に結婚したばかり。前夫の浅井長政も自害で失ったお市は、ここで波乱の生涯を閉じた。

小牧・長久手の戦い

豊臣秀吉 vs 徳川家康

戦国の両雄、激突——長期間にわたってつづいたこの合戦は、信長の「愚息」のある行動によって終息した。いったい何が起きたのか。

愚鈍

宣教師のルイス・フロイスが彼をこのように評している。清州会議で、跡継ぎ候補として誰からも推されなかったことも想起されたい。

無断で合戦→負ける

1579年、「忍びの里」で有名な伊賀を勝手に攻めるが、惨敗した。ちなみにその2年後、父・信長が大軍を投じて伊賀を制圧し（天正伊賀の乱）、雪辱を果たしている。

18:55

合戦する

織田 信雄
@oda-nobukatsu フォローされています

織田信雄の公式アカウントです。信雄の読みは「のぶかつ」もしくは「のぶお」と読んでもらってもかまいません！尾張・丹羽郡出身で父は織田信長です。大河内城の戦いのあとに、北畠家の養子になって家督を継承していましたが、いまは織田家に復帰しています。愚鈍とか愚将とか呼ばれたりしていますが、人間長生きが一番！

🏯 松ヶ島城
📷 永禄元年よりBushitterを利用しています。

1,558 フォロー中　**1,630** フォロワー

織田信長さん、豊臣秀吉さん、徳川家康さん、他201名にフォローされています。

書状　　**書状と返書**　　絵巻物　　あっぱれ

 織田 信雄 @oda-nobuka... ・1584/2/15
昔、父・信長に無断で伊賀のほうの国を攻めたことがあったのですが、伊賀十二人衆って人達からめちゃくちゃ反撃を食らってしまって大敗したことがあります。
重臣も死んじゃって。父からめっちゃ叱責されて「親子の縁を切るからな」っていう手紙もきてね。
あれはめちゃくちゃビビったな。

タイムライン・小牧・長久手

秀吉と家康が事の顛末を話す

11:21

← **書状と返書**

織田 信雄 @oda-nobuka… · 1584/2/15
どうも、織田信雄です。1584年に、私と徳川
家康殿の連合軍が、豊臣秀吉と戦ったのが
「小牧・長久手の戦い」ですね。

この戦いは9ヶ月にわたって断続的に続いた持
久戦なのですよね。マジ長かった…。

♡ 1　　⟲　　

豊臣 秀吉 @hide-yoshi · 1584/2/15
うむ、そうじゃな。

本能寺の変による信長様の死後、いよいよ天
下統一への歩みを進めていたワシと、信長様
の次男・信雄との対立が徐々に表面化してい
たところだったしな。

♡ 1　　⟲　　

織田 信雄 @oda-nobuka… · 1584/2/15
秀吉の命令で安土城から追い出されたりもし
ていましたしね、私…。

対立が深まる中、私は家老の津川義冬・岡田
重孝・浅井長時の3人を「秀吉と通じていた」
という理由で処刑。

これにより両勢力の衝突が、秒読み段階とな
りました。

♡ 1　　⟲　　

> **安土城から追い出される**
> 三法師の後見人として安土城にいたが、跡継ぎが三法師に決まると、用済みとばかりに秀吉によって追い出された。

豊臣 秀吉 @hide-yoshi · 1584/2/15
この処刑にもちろんワシは激怒。
いよいよ信雄に兵を向けるわけじゃが、そこ
で信雄が助けを求めたのが、家康殿というわ
けだ。

♡ 1　　⟲

徳川 家康 @tk-ieyasu・1584/2/15
ええ、助けを求められちゃいました…。

信雄殿とは同盟も結んでいましたし。そんなこんなで私と信雄殿の連合軍は、秀吉殿に対し挙兵。

秀吉殿の家臣・森長可を撃退するなどしながら、戦いは進んでいきましたね。

「長久手合戦図屏風下絵」。19世紀作。東京国立博物館蔵。

豊臣 秀吉 @hide-yoshi・1584/2/15
合戦が続く中、森長可、池田恒興らが隙をついて家康殿の本拠地・三河を攻撃する作戦を実行。ところがその作戦がバレてしまい、長久手において挟撃されよった…。

挙げ句、長可、恒興の二人が討ち取られるという事態を招いてしまったのじゃ…。

作戦がバレた
森長可、池田恒興はともに信長家の古参の家臣。家康の強さを思い知った秀吉は、ここで方針を転換することになる。

徳川 家康 @tk-ieyasu・1584/2/15
フフフ。長久手での戦いを経て秀吉殿は撤退、私も清洲城に一旦戻りました。

合戦は決定的な勝敗がつかないまま、持久戦の様相を呈してきたのです。

がしかし。ここで信雄殿がなんとも勝手なことをしでかすわけです…。

織田 信雄 @oda-nobuka… · 1584/2/15
えへへ、そうなんですよね。

実は、同盟を結んでいるはずの家康殿には無断で、講和を結んじゃいました！

> **勝手に降参**
> 信雄の勢力下にある伊勢を集中攻撃し、水面下で和睦交渉を進めた秀吉。信雄は猛攻に耐え切れず、あっさり膝を屈した。

徳川 家康 @tk-ieyasu · 1584/2/15
こいつマジか…。

これにより私は合戦を継続する名目もなくなり、浜松城に引き上げることに。結局秀吉殿とも講和し、小牧・長久手の戦いは終結したわけです。なんやったんや…。

豊臣 秀吉 @hide-yoshi · 1584/2/15
合戦では負けたが、勝負には勝ったというわけじゃ。ワシのほうが一枚上手じゃったかのう。

この講和によってワシの全国統一のめども、改めて立ったわけじゃな。一方で、この一連の合戦によって家康殿の地位も確立したとも言えるな。

徳川 家康 @tk-ieyasu · 1584/2/15
小牧・長久手の戦いでは、尾張・美濃・伊勢・紀伊・和泉など各地で合戦が行われたほか、連動して北陸・四国・関東でも合戦が起きており、全国規模の戦いになりました。

はー、疲れた。。

> **全国で争った**
> 秀吉は、家康方の拠点である伊勢や尾張を攻撃。家康は、四国の長宗我部元親や雑賀衆（紀伊・雑賀で鉄砲を駆使して戦っていた集団）など、反秀吉勢力と結託していた。

天下統一

伊達政宗と北条氏の最終抵抗

家康との和睦後、四国、九州を次々と平定した秀吉。残るは奥州の伊達氏と小田原の北条氏だ。統一まであと少し！

グルメ武将

乱世が終わると、仙台藩主として水田を開発したり、味噌の醸造所を建てたりした。自ら台所に立ち、料理の研究にも取り組んだという。70歳まで長生きしたのは美食のおかげ？

9:41

  合戦する

伊達 政宗

@date-dokugan-ryu フォローされています

独眼竜政宗と呼ばれています。出羽出身。17歳で家督を継いで以来、東北地方を中心に活動しています。兵糧開発など趣味で料理をよくやっています。「#凍み豆腐」「#ずんだ餅」なんかは私が開発しました。ヘッダー画像は自分で作ったずんだです。モットーは「馳走とは旬の品をさり気なく出し、主人自ら調理して、もてなすことである」。

🏯 米沢城
📷 永禄10年よりBushitterを利用しています。

1,567 フォロー中 **1,636** フォロワー

豊臣秀吉さん、愛姫さん、片倉小十郎景綱さん、他19名にフォローされています。

書状	**書状と返書**	絵巻物	あっぱれ

伊達 政宗 @date-dokuga... ・1589/7/15
幼少期に右目を失明したのがコンプレックスでした。おかげでまわりから「独眼竜」なんて呼ばれちゃったりもして。

最初はめちゃ恥ずかしくて、呼ばれてもガン無視したりしていたのですが、最近ではすっかり馴染んできています！
#独眼竜 #伊達政宗 #思い出

合戦する

北条 氏政
ほうじょう うじまさ

@houjyo-ujimasa フォローされています

ほうじょううじまさです。相模・小田原を中心に戦国大名として活動しています。「後北条氏」の四代目当主もやっており、関東一円を幅広く担当中。甲斐の武田信玄さん、越後の上杉謙信さんらと、同盟したり敵対したりしつつ切磋琢磨してます。元妻は信玄さんの娘・黄梅院さんでしたが、いろいろあっていまは離ればなれっす。泣…。

 小田原城

天文7年よりBushitterを利用しています。

1,538 フォロー中　**1,590** フォロワー

北条氏直さん、黄梅院さん、猪俣邦憲さん、他33名にフォローされています。

書状　**書状と返書**　絵巻物　あっぱれ

 北条 氏政 @houjyo-ujima… ・ 1589/7/15
昔、家族で汁かけ飯を食べている時に、飯に汁を二度かけたら親父(氏康)からめちゃくちゃ呆れられたことがあった。「毎日食事をしているのに、飯にかける汁の量もわからないようでは、北条家も自分の代で終わりだ」みたいなこと言ってた。
親父は本当に大げさだな。
#北条記

北条4代目
「後北条氏」とは、鎌倉時代に「執権」を担った北条氏と区別するための呼び方。ちなみに後北条氏の初代はP16の北条早雲。

いろいろあって離ればなれ
黄梅院は、甲相駿三国同盟（P33）の時にわずか12歳で氏政と結婚。夫婦仲は良かったという。しかし桶狭間の戦い以後、同盟は破棄。黄梅院は信玄のもとへ返され、その後27歳の若さで亡くなった。

彼らは秀吉にどう対抗したか

13:33　　　　　　　　　　　　　　.ıll 🛜 ▇

← 　　　　　　**書状と返書**

 伊達 政宗 @date-dokuga... ・ 1589/7/15
奥州で勢力を広めた私、伊達政宗の話を少々
お聞きいただければと。

1567年に出羽の米沢城で、伊達家の長男とし
て生まれた私。本能寺の変の時は、まだ16歳
だったのですよね。

💬1 　　　 ⇄ 　　　 　　　 　

 伊達 政宗 @date-dokuga... ・ 1589/7/15
家督を継いだあとは二本松氏など奥羽の諸大
名と争いながら勢力を拡大。
父・輝宗が二本松義継に拉致される途中、伊
達勢の銃撃により亡くなったあとには義継の
子・義綱を攻め二本松氏を滅ぼしています。

💬1 　　　 ⇄ 　　　 　　　

豊臣 秀吉 @hide-yoshi・1589/7/15
若いのに素晴らしい活躍じゃな。

勢力を拡大していた政宗に対し、奥羽の有力
大名である最上義光、大崎義隆、蘆名義広、
常陸の佐竹義重らによって包囲網を敷かれる
ことになったのじゃな。これにより伊達家は
窮地に立たされたわけだ。

💬1 　　　 ⇄ 　　　 　　　

 伊達 政宗 @date-dokuga... ・ 1589/7/15
そうなんです。がんばり過ぎたらうっかり囲
まれちゃいました…。
そんな大ピンチを救ってくれたのは、私の母
である義姫。

最上氏に懇願して停戦を実現。母のファイン
プレーで窮地を脱した私は、そのまま蘆名氏
を破り、会津を収めるに至りました。

💬1 　　　 ⇄ 　　　 　　　

東北の勢力図
当時、東北は陸奥
（奥州）と出羽（羽
州）の２つに分けら
れていた。２つを合
わせて「奥羽」と呼
ぶ。政宗は奥州南
部の諸大名と戦い、
大部分を支配した。

会津を収める
1589年、摺上原の
戦い。蘆名氏は会津
の名門であり、伊達
家の長年のライバル
でもあった。

豊臣 秀吉 @hide-yoshi・1589/7/15
「あと10年早く生まれていれば天下人になれた」とまで言われた政宗。
勢力を拡大していくなかで、もちろんワシも早くから警戒しておった。

💬 1　🔁　👁　

豊臣 秀吉 @hide-yoshi・1589/7/15
1587年に、関白として関東・奥羽の諸大名に対して「惣無事令」という令を出しておったのだな。

これは大名同士の私的な戦いを禁じた法令なのだが、北条、伊達に対しての法令と言っても過言ではないものだった。

💬 1　🔁　👁　

伊達 政宗 @date-dokuga...・1589/7/15
ですよね…。
一方で私はそんな命令をまったく無視して、合戦をし放題。
いよいよ秀吉から目をつけられ、討伐される危険が高まってしまったわけです。自業自得ではありますが…。

💬 1　🔁　👁　

豊臣 秀吉 @hide-yoshi・1589/7/15
まったくだ…。1590年には北条氏の小田原攻めへの参加を要請したが、これも政宗は無視しよった。

ようやく小田原に来よるも、もちろん遅刻。叩き斬ってやろうかと思ったが、ワシとの面会の場に、政宗は死を覚悟した「白装束」で現れよった。なんとも食えぬやつじゃ。

その豪胆さに免じて命まではとらず、政宗は会津などの領地を没収され、ワシに従う形になったわけじゃ。

💬 1　🔁　👁　

**遅れてきた
戦国大名**

信長、秀吉、家康の戦国BIG 3 と比べると、25〜35歳ほど若い。１世代の差がある。

堂々の遅参

秀吉の招集命令に、「従うか、抗うか」で二分された伊達家。政宗は母から毒を盛られる、弟を殺害せざるを得なくなるなどのトラブルに見舞われつつもなんとか参上した、という経緯がある。

北条 氏政 @houjyo-ujima... ・ 1589/7/15
北条氏政です。

奥羽の伊達さんと並んで、秀吉の天下統一を
阻む最後の勢力だった我が北条の話も。

北条氏は武田信玄や上杉謙信といった戦国時
代の雄との対立や同盟を繰り広げながら、北
関東に勢力を拡大していったのですよね。

北条 氏政 @houjyo-ujima... ・ 1589/7/15
1580年に子・氏直に家督を譲ったものの引き
続き権力を持っていた私に対して、秀吉は上
洛するように何度も書状を送ってきていまし
た。

「お前、ちょっと挨拶に来い」と。

うーむ…。

豊臣 秀吉 @hide-yoshi ・ 1589/7/15
そうじゃな。

ところが氏政・氏直はまったく上洛に応じな
かったわけだ。それに対してワシは、伊達氏
と同じく惣無事令を突きつけて、ワシに従う
よう要求したわけだ。

北条 氏政 @houjyo-ujima... ・ 1589/7/15
惣無事令ねえ…。

ただ北条氏の家臣の中には、豊臣に不満を持
つ者も多かったのですよね。
1587年には、うちの家臣である猪俣邦憲が、
惣無事令を破って城を攻撃するという事件を
起こしちゃいます。

**惣無事令を
破って城攻め**
北条方の猪俣邦憲
が、上野（群馬県）
にある名胡桃城を
奪取した事件。城
主は真田信繁の父
である真田昌幸。

豊臣 秀吉 @hide-yoshi・1589/7/15
この事件をきっかけに、ワシは北条討伐を決断し、これがいわゆる「小田原征伐」につながっていくわけじゃな。

豊臣軍勢が大挙して小田原を攻め、北条氏の居城である小田原城に対しては約18万もの大軍を動員。完全包囲を実行したのだな。

 1

北条 氏政 @houjyo-ujima...・1589/7/15
そんな大軍を前にしながらも、我が北条勢は約100日にも及ぶ籠城戦を繰り広げました。

しかし奮闘も虚しく最後は開城。私は切腹を命じられ、氏直も高野山へ追放されました。

 1

豊臣 秀吉 @hide-yoshi・1589/7/15
これによって北条家は5代目だった氏直の時点で途絶えたわけじゃな。

こうして我が豊臣家は、天下を(ほぼ)手に入れたのだ。

鳴かぬなら鳴かせてみせようホトトギス！

 1

北条五代の終わり

戦国大名第一号の北条早雲（P16）が相模を平定してから74年間。5代にわたって関東を治めてきた北条氏は、ついにここで滅亡した。

ほぼ統一

奥州の北部に、まだ秀吉に刃向かう武将・九戸政実がいた。彼が籠城戦にもちこむと、秀吉は10倍の兵力で包囲し、せん滅した。

コラム 太閤検地と刀狩り

土地を支配、身分も支配

全国を統一した秀吉。彼の改革は、のちの江戸幕府の中央集権体制を基礎づけた。巡業役者の阿国が当時を案内する。

誰？
全国を廻りながら「かぶき踊り」を踊っていた女性（P81）。

『徳川幕府県治要略』から「検地之図」。1915年作。国立国会図書館デジタルコレクション蔵。

測る目的
税金（年貢）をしっかり取り立てるため、どの農地を、誰が、どれだけ耕しているのかを調べる必要があった。検地に反抗する者は「なで斬りにする」と秀吉は言っている。

7:21

← **書状と返書**

出雲阿国 @o-ku-ni・1589/7/15
さて、天下を治められた秀吉様ですが、合戦以外でも様々なことを成し遂げられておりますの。

そのあたりのことを、私・出雲阿国がご紹介いたしますね。まず秀吉様で有名なのが「太閤検地」。

 1　

出雲阿国 @o-ku-ni・1589/7/15
「天正の石直し」「文禄の検地」ともいいますが、そもそも検地とは田や畑を測量することで、その土地の面積や境界、生産性などを正しく測っていくものです。

これを大規模に実施したのが秀吉様です。
 1　

出雲阿国 @o-ku-ni・1589/7/15
検地を担当する奉行に浅野長政、石田三成らを任命して、全国的に検地を実施。
京枡を使用するなど統一した基準を用いながら、生産力を石高で定義されました。
これにより秀吉様による「土地の支配」が強まっていったのです。
 1

出雲阿国 @o-ku-ni・1589/7/15
秀吉様の施策でもう一つ有名なものが「刀狩り」ですね。

これは、武士以外に武器の所有を禁じて没収するという法令のことです。
秀吉様以前にも、柴田勝家が刀狩りを実施していますが、秀吉様は全国支配の一環としてこれを発布しました。

> **支配の一環**
> 一揆を起こさせないため、また武士との身分を明確にわけるため、とみられている。

出雲阿国 @o-ku-ni・1589/7/15
刀狩り令は、

1.農民が刀や弓、槍、鉄砲などの武器を持つことを固く禁じる

2.取り上げた武器は、大仏の釘に使うので、武器を出したものはあの世まで救われる

3.なので武器を捨てて、農具を手にしてありがたく思いながら耕作にはげめ

という3か条からなっておりました。かなり無茶な論法なので、農民の方々が実際にそれを信じていたかは定かではありませんが。

出雲阿国 @o-ku-ni・1589/7/15
兎にも角にも、この刀狩りによって秀吉様は農民から帯刀権を剥奪。兵農分離を促進させることで、全国を支配する体制をより強固にしていかれたわけです。

流石でございますね。

第 ⑤ 章

戦乱の
終焉

1592〜1615年

　全国統一後、豊臣秀吉は二度にわたって朝鮮へ侵攻。志半ばで没した後、台頭してきたのが徳川家康だ。それに異を唱えた豊臣家臣の石田三成。覇権を賭け、両軍は関ヶ原の地で相まみえる。侵略、背信、反逆……血にまみれた戦乱の世を終わらせるために。

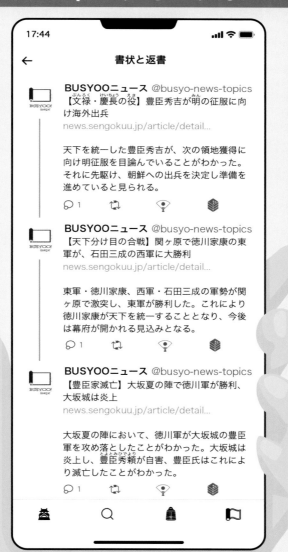

17:44

書状と返書

←

BUSYOOニュース @busyo-news-topics
【文禄・慶長の役】豊臣秀吉が明の征服に向け海外出兵
news.sengokuu.jp/article/detail...

天下を統一した豊臣秀吉が、次の領地獲得に向け明征服を目論んでいることがわかった。それに先駆け、朝鮮への出兵を決定し準備を進めていると見られる。

1

BUSYOOニュース @busyo-news-topics
【天下分け目の合戦】関ヶ原で徳川家康の東軍が、石田三成の西軍に大勝利
news.sengokuu.jp/article/detail...

東軍・徳川家康、西軍・石田三成の軍勢が関ヶ原で激突し、東軍が勝利した。これにより徳川家康が天下を統一することとなり、今後は幕府が開かれる見込みとなる。

1

BUSYOOニュース @busyo-news-topics
【豊臣家滅亡】大坂夏の陣で徳川軍が勝利、大坂城は炎上
news.sengokuu.jp/article/detail...

大坂夏の陣において、徳川軍が大坂城の豊臣軍を攻め落としたことがわかった。大坂城は炎上し、豊臣秀頼が自害、豊臣氏はこれにより滅亡したことがわかった。

1

文禄・慶長の役

天下人の「次の一手」

日本を手中に収めた秀吉の野望は尽きない。小田原攻略の翌年、肥前（佐賀県）に拠点を置き、朝鮮に侵攻。初の海外進出の成否は。

城づくりの清正

27歳で熊本城を築いた際、部外者の侵入を防ぐ反り立った石垣「武者返し」を設計している。江戸城、名古屋城の工事にも携わり、築城の名手と呼ばれた。

7:51

合戦する

加藤 清正
@kato-k フォローされています

秀吉様の子飼いの武将をやっております、加藤清正です。尾張出身。秀吉様のためならたとえ火の中、水の中、大地震の最中でも駆けつける所存です。
合戦だけでなく内政にも興味あり。賤ヶ岳の七本槍のメンバーですが、このアカウントではその話はしませんのであしからず。
趣味は、#城作り と #お酒 です。

🏯 熊本城
📷 永禄5年よりBushitterを利用しています。

1,562 フォロー中　**1,611** フォロワー

 福島正則さん、豊臣秀吉さん、小西行長さん、他2名にフォローされています。

書状　　**書状と返書**　　絵巻物　　あっぱれ

加藤 清正 @kato-k・1592/5/24
「背が高いですね」とか「身長どのくらいですか？」とかよく聞かれるので、お答えしておくと身の丈は六尺三寸、約190cmくらいです。
あと普段よくかぶっている変わり兜が「長烏帽子形兜」という、烏帽子の形をしたものなので、一層背が高く見えるのですよね。
合戦場でぜひ目印に！

23:01

こ ばやかわ ひであき
小早川 秀秋
@kobayakawa-hd　フォローされています

どうも小早川秀秋っす。筑前のほうで武将をやってる
よ。秀吉様の養子になり、義兄・秀次様に次ぐ「豊臣
家の後継者」としてねね様に育てられました。ただ色
々とお家事情があって(淀様にご子息が誕生)、いまは
小早川隆景の養子になっています(涙)。文禄・慶長の
役なんかにも参加させてもらって、慶長の役では軍の
総大将もやらせてもらったよ！

 名島城

天正10年よりBushitterを利用しています。

1,582 フォロー中　**1,602** フォロワー

 毛利輝元さん、小早川隆景さん、徳川家康
さん、他42名にフォローされています。

書状　　　**書状と返書**　　　絵巻物　　あっぱれ

小早川 秀秋 @kobayak... ・ 1592/1/15
豊臣家の後継者時代は、ほんと連日のように
全国の諸大名から接待を受けていたので、め
ちゃくちゃ大変だったよ…。お酒もめっちゃ
飲まされたしなー。後継者争いからドロップ
アウトした後は、サーッと人が引いていって
寂しかったけれども、酒盛りが減ったのだけ
は良かったと思うな。
あはは。

家庭の事情
秀吉の正室・ねねは
子どもに恵まれなか
った。そのため養子
の秀秋が跡継ぎ候
補と目されていたの
だが、秀吉の側室・
淀殿が子どもを産ん
だため、秀秋は用済
みとばかりに筑前
(福岡県)へ追いや
られた。

接待攻勢を
受ける
幼いころから酒を飲
まされていた、とい
ううわさ。ただ、肝
臓を痛めつけたせい
か、21歳の若さで亡
くなっている。

20:01

書状と返書

←

豊臣 秀吉 @hide-yoshi・1592/5/24
天下統一を成し遂げたワシだが、さらなる領地獲得への欲望は留まるところを知らなかったのじゃな。

ワシが次に目をつけたのは大明帝国じゃ。広い大陸の支配を目指し、配下の大名を集め侵略に乗り出したのじゃな。

加藤 清正 @kato-k・1592/5/24
そうですね。その足がかりとして、当時明に従属していた朝鮮へ出兵を行ったのが「文禄の役」ですね。

加藤 清正 @kato-k・1592/5/24
「唐入り」
「唐御陣」
「壬辰倭乱」
といった呼び名もありますが、この戦いは16世紀当時において世界最大規模の戦いだったと言われています。

なぜ大陸を目指した？

戦った武将には土地を与えるのが戦国時代のならわし。しかし日本を統一したため、これ以上与えられる土地が日本にはなく、土地の獲得のために出兵したといわれている。

『豊臣朝鮮軍記実録初編』より。1882年作。一応斎国松（歌川国松）画。国立国会図書館デジタルコレクション蔵。

加藤 清正 @kato-k・1592/5/24
秀吉様が肥前で指揮を執るなか、約16万の軍勢が釜山に上陸し、明の国境まで進出していいきます。

♡ 1

豊臣 秀吉 @hide-yoshi・1592/5/24
うむ。
開戦当初の秀吉軍は快進撃を続けていったのじゃな。小西行長、宗義智、加藤清正、黒田長政といったワシの優秀な部下たちが軍を進めておったしな。

流石じゃ！

♡ 1

加藤 清正 @kato-k・1592/5/24
そうなんですよね。最初の勢いは良かったのですよね…。

ところがその後、秀吉軍は苦戦を強いられていくことになります…。

明からの援軍や、朝鮮の将軍である李舜臣が率いる亀甲船の大活躍、さらには民衆の蜂起などもあり、秀吉軍は徐々に劣勢に立たされていくのですよね。

♡ 1

加藤 清正 @kato-k・1592/5/24
さらには秀吉軍の内部でも問題が起きます。

戦いの長期化による士気の低下、寒さによる疲労、私が小西行長と、味方同士で小競り合いをしちゃったりも…。

秀吉様が収めたもののグダグダの秀吉軍は、結局は停戦に至っちゃうわけです。なんとも情けない…。

♡ 1

快進撃
小西行長は平壌（今の朝鮮民主主義人民共和国の首都）まで、加藤清正は今のロシアの国境付近まで侵攻した。

加藤 清正 @kato-k・1592/5/24
その後、停戦交渉は小西行長・宗義智らが担当。ただ双方の停戦条件がかけ離れており調整が難航します。

そこで行長らは「日本側には明が降伏したことにし、一方で明側には日本が降伏したことにする」という無茶苦茶なやり方で和平を進めちゃうわけです。

ヤバすぎでしょ、行長さん…。

偽りの和平交渉
小西行長は明に対し「日本は明に属します」などの申し入れをし、和議を結んだ。しかしその後、明の皇帝から秀吉宛に届いた書状では、秀吉が要求した条件について一言も触れられておらず、ウソが発覚した。

豊臣 秀吉 @hide-yoshi・1597/3/1
行長はそんな嘘をついて、最後どうまとめようと思っておったのじゃ？？

このことを知ったワシは、案の定大激怒。行長には死を命じて、再び朝鮮半島への出兵を決意したのじゃな。
ちなみに行長は、関係者のとりなしで助命されたらしいがな。

加藤 清正 @kato-k・1597/3/1
そりゃ怒りますよね…。
そうして始まったのが第二弾となる「慶長の役」です。

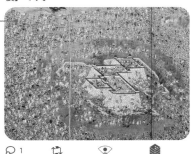

「朝鮮軍陣図屏風」。1886年作。大久保雪堂画。公益財団法人鍋島報效会蔵。

小早川 秀秋 @kobayakaw... ・ 1597/3/1
慶長の役では私・小早川秀秋が総大将を務めました。
「蔚山城の戦い」など激戦が繰り広げられるわけですが、私は私で別の意味で大変だったのですよね。

> **15歳の総大将**
> 当時、小早川秀秋は中学3年生ぐらいの年で総大将を務めた。

 小早川 秀秋 @kobayakaw... ・ 1597/3/1
戦いの中、総大将にもかかわらず前線で自ら刀を振るって奮戦していたのですが、それを「総大将らしくない」という理由でめちゃくちゃ怒られました。

なんでなん？？

 豊臣 秀吉 @hide-yoshi ・ 1597/3/1
総大将として軽率な行為じゃと思うぞ。うっかり討ち取られでもしたら、どうするんじゃ…。
ワシは秀秋に帰国を命令し、越前北庄の12万石に減封する処分を下したのだな。まったく困ったやつじゃ…。

 小早川 秀秋 @kobayakaw... ・ 1597/3/1
はいはい、どうもスイマセンでした。

ただそんな秀吉様。第二次蔚山城の戦い前に亡くなっちゃうのですよね。マジで？？って感じですが。

その後を継いだ秀頼様もわずか5歳。国内の情勢は不安定になり、結局は朝鮮から撤退することになりました。

> **蔚山城の戦い**
> 加藤清正が現地で建設中だった蔚山城を、約6万の朝鮮・明軍が取り囲んだ戦い。清正は1万程度の兵で籠城して耐え、援軍によって危機を脱した。

関ヶ原の戦い

「天下分け目」の合戦

秀吉の死後、次なる覇権を狙う家康。それを疎ましく思ったのが石田三成だ。日本を東西に分けた戦国最後の合戦が、幕を開ける！

頭脳派

合戦では、武器や食料補給を担う兵站部隊で活躍。朝鮮出兵でも交通路の確保や整備に奔走するなど、調整や事務の能力に長けていた。

10:24

合戦する

石田 三成
いし だ　みつ なり

@ishida-mitsunari　フォローされています

治部少輔やってます。近江は坂田郡石田村出身で、秀吉様が長浜城主をやってらっしゃったころから近侍として仕えています。中国毛利征伐や、山崎の戦い、賤ヶ岳の戦いなんかにも参戦していますが、検地担当を長らくやっていたので、土地を計測することも得意です。興味のある方は #太閤検地 のハッシュタグで。あとお茶も好きです。

🏯 佐和山城

📅 永禄3年よりBushitterを利用しています。

1,560 フォロー中　**1,600** フォロワー

 島左近さん、豊臣秀吉さん、小西行長さん、他83名にフォローされています。

書状　　**書状と返書**　　絵巻物　　あっぱれ

石田 三成 @ishida-mitsu... ・1600/10/21
昔、偉い方が鷹狩帰りに立ち寄られたことがあって。ぬるいお茶(大)→ちょい熱めのお茶(中)→熱いお茶(小)とお出しして、まず喉の渇きを潤してから、ゆっくりお茶を楽しむって「おもてなし」をしたらめちゃ褒められたことがあります。まあそれが秀吉様なんですけどね。

#三献茶 #お前の出世ストーリーを晒せ

18:30

合戦する

とくがわ　ひでただ
徳川 秀忠

@hidetada-tk フォローされています

徳川家康の三男をやっている徳川秀忠です。三男なので当初はのんびりやっていましたが、長兄・信康の切腹があったり、次兄の秀康が豊臣秀吉様の養子（実質的には人質）になったりした影響で、徳川家の跡取り候補になりました。父が上洛しがちなので代わりに江戸城で留守番していることが多いです。遅刻癖も少々あるので直したいです(笑)

 江戸城

 天正7年よりBushitterを利用しています。

1,579 フォロー中　**1,632** フォロワー

小姫さん、徳川家康さん、豊臣秀吉さん、
他99名にフォローされています。

書状　　**書状と返書**　　絵巻物　　あっぱれ

徳川 秀忠　@hidetada-tk. ・ 1600/10/21
【ご報告】文禄4年9月、伏見において浅井長政さん・お市の方さんのご息女である江さんと結婚したことを、皆様にご報告いたします。結婚に当たっては現在の養父である秀吉様にご支援いただきました。今後も二人でしっかりと徳川家を支えていきたいと思いますので、何卒よろしくお願いします。
#ご報告 #サプライズ

長兄が切腹、次兄が人質

長兄は、妻の徳姫による告げ口がきっかけで、母・築山殿とともに、父・家康によって処罰された（築山殿事件）。次兄は側室の子で、家康からしばらく実子として認知されなかったという。

タイムライン・関ヶ原

勝敗を決した転換点とは

11:30

書状と返書

徳川 家康 @tk-ieyasu・1600/10/21
ども、徳川家康です。

秀吉殿が亡くなったあと、1600年9月に美濃・関ヶ原で行われた合戦が「関ヶ原の戦い」。私、家康が率いる東軍と、石田三成殿を中心とする西軍が繰り広げた戦いで、戦国時代で最も有名な合戦のひとつと言えるな。

石田 三成 @ishida-mit...・1600/10/21
西軍の石田三成です。
この合戦では全国の諸大名が東西どちらかの陣営に分かれて戦ったことから、「天下分け目の戦い」とも呼ばれていますね。

石田 三成 @ishida-mit...・1600/10/21
当時、五大老・五奉行の仕組みの上に成り立っていた豊臣政権は、秀吉様の死後その体制が揺らぎ始めたのですよね。

というのも家康殿が天下取りへの野心を示したことが原因なんですよね。急にギラギラしはじめたといいますか…。

「関ヶ原合戦屏風絵（模本）」。1836年作。狩野勝川院雅信、河野繁太郎模写。東京国立博物館蔵。

五大老・五奉行

秀吉政権の役職。五大老は諸国の有力大名で、徳川家康、前田利家、宇喜多秀家、上杉景勝、毛利輝元。五奉行は秀吉の直属の部下で、前田玄以、浅野長政、増田長盛、石田三成、長束正家。

どうした家康

周囲に無断で、自分の子どもを各地の大名と結婚させていった。秀吉の存命中は禁じられていた行為であり、権力への意志が垣間見える。

徳川 家康 @tk-ieyasu・1600/10/21
ワシが原因か…まあ身に覚えはあるが。

当時、豊臣家内部でも対立が生まれており、ワシは秀吉殿の正室・ねね殿と手を結び、一方で三成殿も側室である淀殿と手を結んだのだな。

💬 1　　⟲　　👁　　🔷

石田 三成 @ishida-mit...・1600/10/21
じわじわと対立構図が出来上がりつつありましたよね。

五大老の一人である前田利家さんが亡くなったことも大きかったですし。
秀頼様を補佐しながら、家康殿との対立関係を調整してくれていた利家さんがいなくなって、いよいよ対立が表面化しましたよね。

💬 1　　⟲　　👁　　🔷

石田 三成 @ishida-mit...・1600/10/21
私に反目していた加藤清正殿、福島正則殿も家康殿サイドにつくことなり対立はさらに激化。

家康殿が会津・上杉景勝殿への討伐軍を起こし、会津に向かった隙を突いて、いよいよ私は挙兵したわけです。

💬 1　　⟲　　👁　　🔷

徳川 家康 @tk-ieyasu・1600/10/21
生意気なやつめ…。

毛利、宇喜多、島津、小早川といった西国の諸大名と手を組んだ三成殿に対して、ワシも上杉討伐を次男・秀康に任せて東海道から進軍。

そして9月15日に関ヶ原において、いよいよ合戦がはじまったのだな。

💬 1　　⟲　　👁　　🔷

家康殿サイドについた

大勝負を前に、家康は全国の諸大名に180通以上の手紙を送付。三成への反目を促すなど、周到に根回しを進めていた。

上杉景勝の討伐

上杉謙信の跡を継いだのが上杉景勝。家康の上洛要請を無視したため、討伐軍が起こされた。この時、景勝の家臣・直江兼続が、要請を拒否する「直江状」を送り、家康を怒らせたという逸話も（ただし後世の創作とみられている）。

徳川 家康 @tk-ieyasu・1600/10/21
東軍約10万、西軍約8万の軍勢が関ヶ原で対峙。ワシの四男である松平忠吉の軍勢による発砲から合戦は始まったわけだ。

三成軍と黒田長政・細川忠興軍が激突、福島正則軍と宇喜多秀家軍も交戦するなど、各所で本格的な戦闘が繰り広げられたのだな。

💬 1　　🔁　　👁　　

石田 三成 @ishida-mit...・1600/10/21
激戦のなか西軍の島左近が、黒田長政軍の鉄砲部隊の狙撃により負傷。後陣に退くことになりました。

「三成に過ぎたるものが二つあり、島の左近と佐和山の城」と評された左近の離脱は手痛かったです…。

💬 1　　🔁　　👁　　

徳川 家康 @tk-ieyasu・1600/10/21
フフフ。
三成殿の西軍にはいわゆる「大将」と目されるような武将も存在せず、全体的に足並みが揃っていなかった印象があるな。

💬 1　　🔁　　👁　　

小早川 秀秋 @kobayak...・1600/10/21
おじゃまします！小早川秀秋です。

その頃、西軍に属していた私は事前に家康殿と内応の密約をしていたものの、なかなか踏ん切りがつかない状況だったのですよね…。

裏切るべきか裏切らないべきか…。しびれを切らした家康殿が我が陣営にむかって銃撃してくるに至って、ようやく寝返りを決意したのですが。

家康殿、マジ怖い！

💬 1　　🔁　　👁　　

島左近
大和（奈良県）の筒井氏に仕えていた武士。その後浪人として隠居するが、三成に、自身の石高の半分を差し出すという破格の待遇でスカウトされた。

しびれを切らして発砲
いわゆる家康の「問鉄砲」。近年の研究では、作り話だったのではないかとも考えられている。

徳川 家康 @tk-ieyasu・1600/10/21
この小早川秀秋の寝返りが、関ヶ原の戦いにおけるターニングポイントだったのだな。

小早川の裏切りによって、西軍・大谷吉継軍は背後をつかれ壊滅し、吉継自身も自害。

西軍は一気に総崩れとなっていきよった。

 1

石田 三成 @ishida-mit...・1600/10/21
吉継殿まで…。この寝返りをきっかけに形勢が一気に変わりました…。

その後、合戦開始からわずか6時間弱で勝敗は決し、西軍は敗走するに至ったわけです。なんともあっけない幕切れでした…。

 1

石田 三成 @ishida-mit...・1600/10/21
合戦に敗れた私は、逃走を続けましたが、家康殿の命を受けて私を捜索していた軍勢に捕縛されちゃいました。
野を越え山を越え逃れていたのですが…。

 1

石田 三成 @ishida-mit...・1600/10/21
居城である佐和山城も落城。私は大坂・京都と護送されて、小西行長、安国寺恵瓊らの武将ともに斬首されちゃいました。
無念です…。辞世の句はこちら。

筑摩江や 芦間に灯す かがり火と

　　　ともに消えゆく 我が身なりけり

　　　　　　　　　——石田三成

 1

親友・大谷吉継
豊臣家の家臣。ハンセン病を患っており、顔を頭巾で覆っていた。「無謀で勝ち目はない」と三成を説得するが、懇願されて関ヶ原に参戦。2人は生涯の友人だったという。

島津 義弘 @smazu-y・1600/10/21
三成殿、お疲れ様でごわす。

西軍に属していたおいどん・島津義弘は、総崩れになる中、東軍によって包囲され、絶体絶命の状況に追い込まれていたでごわす。

島津 義弘 @smazu-y・1600/10/21
ただ薩摩隼人たるおいどん・島津義弘は最後まで諦めなかったでごわす。

1500人程の軍勢で、後に「島津の退き口」と称される作戦を、ここで実行したのでごわすな。

島津 義弘 @smazu-y・1600/10/21
その作戦は、敵から逃げるのではなく、あえて敵の陣営に突っ込んで正面突破するというものでごわす。

通称「捨て奸」と呼ばれる脳筋作戦で、おいどん達は無事薩摩に帰ることができたのでごわす。

徳川 秀忠 @hidetada-tk・1600/10/21
ごわすごわすウルサイな、この人…。

まあそんなことより、徳川家康の三男である、私・徳川秀忠の話も少々させてください。

関ヶ原の戦いの前、私は中山道を経由して、信州にいる真田勢を平定する役割を担っていました。

マジいろいろ忙しかったんですよね。

「鬼島津」の義弘

島津4兄弟の次男。長男は義久（P70）。その猛将ぶりから「鬼島津」と恐れられた。兄よりも有名かもしれない。

捨て奸

義弘が撤退するのを、小部隊が犠牲となって食い止めるという作戦。これによって残った軍勢はわずかだったという。なお、「捨て奸」の言葉の由来については、鹿児島の方言という説など諸説ある。

徳川 家康 @tk-ieyasu・1600/10/21
秀忠には真田昌幸が籠城する上田城を攻め落とすことを命じておった。

しかし関ヶ原の合戦のため、上洛を急遽命じたのだな。いいから早く来い、と。

 1

徳川 秀忠 @hidetada-tk・1600/10/21
関ヶ原までの距離を考えると絶対ムリなんすけど…。

案の定軍列は乱れまくり、合戦場にも遅参しちゃったのですよね。父からもめっちゃ怒られました。マジで理不尽すぎる…。

 1

小早川 秀秋 @kobayak...・1600/10/21
めっちゃ理不尽ですねw

一方、寝返り組の私は、合戦後の論功行賞で加増をゲットすることができました！ありがとう、家康殿！

 1

徳川 家康 @tk-ieyasu・1600/10/21
しっかり裏切ってくれたしな。
論功行賞では、三成陣営に味方した武将を厳しく処分し、これによって多くの諸大名が、取り潰しになったわけだ。
さらに、秀吉殿の三男で豊臣家の跡取りである豊臣秀頼も、摂津、河内、和泉の領地を治める一大名にすぎなくなった。
ワシの支配が盤石になっていったのだな。

 1

裏切りの対価
戦況をひっくり返した功への恩賞として、秀秋は備前と美作の地を与えられた。しかしこの2年後に21歳で亡くなった。

大坂の陣

豊臣の世を望む士（もののふ）、最後の抵抗

家康が関ヶ原を制してから14年。ある事件をきっかけに、豊臣家が再び牙をむいた。泰平の世のため、家康は戦乱に終止符を打つ。

真田兄弟

長男の信之（のぶゆき）は、関ヶ原の時点で家康の東軍につき、西軍側の信繁とたもとを分かった。

「幸村」では？

現代では幸村の名が通っているが、彼が生きていた当時の資料には「信繁」とあり、幸村とは呼ばれていなかった模様。

9:11

合戦する

真田 信繁(幸村)
さなだ のぶしげ ゆきむら

@sanada-nobushige フォローされています

真田信繁です。
上田城主の父・真田昌幸（まさゆき）の次男として、信濃を中心に武将活動をしております。よく「幸村」という呼び方をされることもありますが、真田家内では信繁の方で呼ばれております。皆様はお好きな方でお呼びくださいませ。秀吉様のもとで馬廻衆なんかをしながら各種合戦に参加しております。

🏯 上田城

📷 元亀元年よりBushitterを利用しています。

1,570 フォロー中　**1,615** フォロワー

 真田昌幸さん、真田信之さん、大谷吉継さんにフォローされています。

書状　　**書状と返書**　　絵巻物　　あっぱれ

真田 信繁(幸村) @sana... ・ 1592/1/15
さなだ のぶしげ ゆきむら
真田十勇士ってほんとにいるのですか？とよく聞かれるのですが、基本的には架空の人物ですね。猿飛佐助（さるとびさすけ）、霧隠才蔵（きりがくれさいぞう）、三好清海入道（みよしせいかいにゅうどう）、三好伊左入道（みよしいざにゅうどう）、穴山小助（あなやまこすけ）、由利鎌之助（ゆりかまのすけ）、筧十蔵（かけいじゅうぞう）、海野六郎（うんのろくろう）、根津甚八（ねづじんぱち）、望月六郎（もちづきろくろう）の10人。こんな部下がいたら軽く天下が取れそうな気がします！
#真田十勇士 #真田幸村 #真田豆知識

タイムライン・大坂の陣

家康らが述懐する

16:12

書状と返書

←

徳川 家康 @tk-ieyasu · 1615/5/8
関ヶ原の合戦で天下をほぼ手中に収めたワシだが、最後にもう一つやらなければならないことが残っておった。

それが秀吉殿が残した豊臣家を滅ぼす戦い。のちに「大坂の陣」と呼ばれる戦いがここから始まるのだな。

 1

徳川 秀忠 @hidetada-tk · 1615/5/8
我が徳川家の地位を盤石にするために、大坂城の豊臣秀頼を徳川勢が攻め滅ぼした戦いですね、父上！

「慶長19年の大坂冬の陣」
「慶長20年の大坂夏の陣」

この2つからなる一連の戦いのことですね。

 1

徳川 秀忠 @hidetada-tk · 1615/5/8
ひとつ目の戦いである大坂冬の陣ですが、きっかけは京都の方広寺にあった、ひとつの"釣り鐘"なんですよね。

 1

徳川 家康 @tk-ieyasu · 1615/5/8
うむ。方広寺にあった大仏殿は、当時地震などが原因で崩壊しておった。

これをワシの勧めで、豊臣家の跡取りである秀頼が再建する事になったのだな。

まあこれも豊臣家の財力を削るためのワシの作戦だったのだが。

 1

徳川 秀忠 @hidetada-tk・1615/5/8
策略怖い…。
まあそんなきっかけだったにもかかわらず、
大仏殿は無事完成しました。

開眼供養に向けて、準備が進んでいたのですが、そこで父上が激怒する事態が起きたのですよね…。

💬 1　　⇄　　　　◈　　　　▨

徳川 家康 @tk-ieyasu・1615/5/8
そうだな。1614年に鋳造された大鐘の銘文に「国家安康、君臣豊楽」と記されていたのだな。

↓これな。

💬 1　　⇄　　　　◈　　　　▨

徳川 秀忠 @hidetada-tk・1615/5/8
この鐘銘から父上は、

「家康の名を二分して国安らかに、豊臣を君として子孫繁栄を楽しむ」

というメッセージを読み取ったというわけですよね。やや言いがかりレベルかもしれないのですが…。

兎にも角にもこれをきっかけに、豊臣家に大坂城からの退去を要求、徐々に追い込んでいったのですよね。

💬 1　　⇄　　　　◈　　　　▨

真田 信繁(幸村) @sanad... · 1615/5/8
ども真田信繁です。その結果起きたのが「大坂冬の陣」なワケです。

20万の徳川軍に対して、豊臣方には長宗我部盛親や私・真田信繁などをはじめ、関ヶ原の戦いで主家をなくした武将などが集まり、10万の軍勢で対峙しました。

 真田 信繁(幸村) @sanad... · 1615/5/8
冬の陣では戦力差が大きかったので、各所で徳川軍が勝利していきます。

そんな中、私が築いた「真田丸」という出城においては、私が徳川軍に大打撃を与えるなど大活躍しました。
えへへ。

 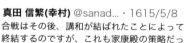

真田 信繁(幸村) @sanad... · 1615/5/8
合戦はその後、講和が結ばれたことによって終結するのですが、これも家康殿の策略だったのですよね…。

講和の条件として、大坂城の堀をすべて埋めることが条件となり、真田丸を含む出城も取り壊されちゃいました。

これはかなりやばいやつですよね。。。

真田丸
「出城」といっても、土塁を柵や塀で固めた陣地のようなものだった。

「大坂冬の陣図屏風（模本）」。17世紀作。東京国立博物館蔵。

徳川 家康 @tk-ieyasu・1615/5/8
さらに講和の条件外だった内堀までも埋め立てたことで、豊臣方は激怒。翌年4月に戦闘が再開されたのだな。

これが「大坂夏の陣」というわけだ。

真田 信繁(幸村) @sanad...・1615/5/8
案の定といいますか、丸裸になった大坂城は攻め込まれます。私も家康本陣にあと一歩まで迫ったのですが力及ばず…。

徳川方に寝返ろうとした味方が火を放ち、大坂城は炎上して落城。秀頼様も自刃し、豊臣家は滅亡しました。
悔しい…。

波乱の終わり
秀頼は23歳だった。また、秀頼の母・淀殿もここで自害している。浅井長政とお市の子・茶々として生まれ、時代に翻弄された49年の生涯を閉じた。

徳川 家康 @tk-ieyasu・1615/5/8
こうして戦国の世は終わり、我が徳川幕府による天下泰平の世がはじまったのだな。

ということでここらで、戦国時代のタイムラインをお終いにするとしよう。
（おわり）

巻末付録

あとがき・解説

タイムライン・1467-1615

旧国名地図

和暦・西暦対応表

あとがき

　SNSが世の中に広がってから、友達や知り合いの近況だけでなく、芸能人や著名人の発信も受け取れるようになり、いままで遠い世界にいた人々を少しだけ身近に感じられるようになった気がします。あの推しを身近に感じられる世界。いい世の中です。私も日々、フォローしている山田勝己さん（ミスターサスケ）を身近に感じております。

　さてそんな話はさておき。もしも本書のようなSNSが戦国時代にあったとしたら、やはり著名武将のアカウントは人気を博して、たくさんのフォロワーが集まっていたことでしょう。「武将くんが合戦場のオフショット投稿してる！」「私の推しが大将首を取ってる、尊い！」「猛将すぎて待って、無理、しんどい…」みたいな一般農民ユーザーの投稿も目に浮かびます。

　一方で、現代と同じく炎上しちゃう武将も少なからずいたのかもしれません。うっかり上司に謀反を仕掛けちゃったり、うっかり寺院を焼き討ちしちゃったり、天下分け目の戦いでうっかり裏切っちゃったり…等々。本書に登場する武将たちも、まあまあな頻度で炎上していそうですしね。結果、スーツ姿で正座ならぬ、白装束で切腹。なんともハードですよね、戦国時代も。そんな武将たちの大変さ？に思いを馳せながら、歴史パロディをつくる日々です。いやあ、現代に生まれてマジよかった。

スエヒロ

─解 説─

　最近の日本列島は気温が上昇していて、夏が長く秋が
なくなったなどと言われています。これに対して戦国時
代は、気温が低く、寒かったようです。すると、農業技
術が発達していなかったために穀物は稔（みの）らず、人々は飢
えに苦しむ。いきおい、少ない食物をめぐって奪い合い
が起きる。それが戦国の争乱の正体だったとの考察があ
ります。

　この説の妥当性は措（お）くとしても、戦国時代に各地で争
いが頻発したことは間違いありません。それは戦いのな
い、平和な江戸時代を産み出すための苦しみでした。江
戸時代が始まった100年で、日本列島の人口は1200万人
から2500万人に、実に倍以上に上昇しています。いかに
日常的な戦乱が人々を苦しめていたかが分かります。

　でも、見方を変えると、人々が本音で生きた戦国時代
は、栄枯盛衰のドラマの宝庫でもありました。本書はス
マホを枠組みに用いるという新機軸のもとに、しっかり
と戦国の歩みを辿っていきます。外側はまさに「いま」
ふうですが、中身は本格派です。きっと学びをお楽しみ
いただけたことでしょう。

本郷和人（東京大学史料編纂所教授）

タイムライン・1467-1615

応仁の乱から大坂の陣まで

書状と返書

BUSYOOニュース @busyo-news-topics
【1467年】応仁の乱が勃発。細川勝元と山名宗全が争うなど、京を中心に広がった内乱。

🗨 1

BUSYOOニュース @busyo-news-topics
【1516年】北条早雲が相模を統一。戦国時代は早雲の下剋上から始まったとも言われる。

🗨 1

BUSYOOニュース @busyo-news-topics
【1542年】美濃のマムシ・斎藤道三の台頭。守護である土岐頼芸を美濃から追放する。

🗨 1

BUSYOOニュース @busyo-news-topics
【1554年】甲斐・相模・駿河の三国同盟締結。武田信玄・北条氏康・今川義元による協定。

🗨 1

BUSYOOニュース @busyo-news-topics
【1560年】桶狭間の戦い起きる。織田信長が今川義元を討ち取る。

🗨 1

BUSYOOニュース @busyo-news-topics
【1561年】第四次川中島の戦い起きる。武田信玄と上杉謙信が争う。一連の川中島の戦いで最大規模に。

🗨 1

BUSYOOニュース @busyo-news-topics
【1565年】永禄の変が起きる。三好三人衆、松永久秀らによって足利義輝が討たれる。

💬 1   🔁   🏆   🎑

BUSYOOニュース @busyo-news-topics
【1568年】織田信長が足利義昭を奉じ上洛。義昭は征夷大将軍に任ぜられる。

💬 1   🔁   🏆   🎑

BUSYOOニュース @busyo-news-topics
【1570年】金ヶ崎の戦いで朝倉義景と織田信長が争う。浅井長政の裏切りで信長は撤退。

💬 1   🔁   🏆   🎑

BUSYOOニュース @busyo-news-topics
【1570年】姉川の戦いで浅井長政・朝倉義景に対して織田信長・徳川家康が勝利。

💬 1   🔁   🏆   🎑

BUSYOOニュース @busyo-news-topics
【1571年】延暦寺の焼き討ち。織田信長が比叡山延暦寺を攻め、焼き払う。

💬 1   🔁   🏆   🎑

BUSYOOニュース @busyo-news-topics
【1573年】三方ヶ原の戦いが起きる。武田信玄と徳川家康が争い、武田信玄が勝利。

💬 1   🔁   🏆   🎑

0:00

← **書状と返書**

BUSYOOニュース @busyo-news-topics
【1573年】織田信長が将軍・足利義昭を京都から追放。室町幕府が滅亡する。

💬 1　🔁　👁　🏯

BUSYOOニュース @busyo-news-topics
【1577年】長篠の戦いで織田・徳川の連合軍が武田勝頼に勝利。武田家は滅亡へ。

💬 1　🔁　👁　🏯

BUSYOOニュース @busyo-news-topics
【1577年】織田勢による中国攻め。羽柴秀吉が中国地方の毛利輝元を攻める。

💬 1　🔁　👁　🏯

BUSYOOニュース @busyo-news-topics
【1582年】本能寺の変が起きる。明智光秀の謀反により織田信長が本能寺で討ち取られる。

💬 1　🔁　👁　🏯

BUSYOOニュース @busyo-news-topics
【1582年】山崎の戦いが起きる。中国地方から戻った羽柴秀吉が明智光秀を破る。

💬 1　🔁　👁　🏯

BUSYOOニュース @busyo-news-topics
【1582年】清洲会議が行われる。織田家の後継者が選ばれ、秀吉の影響力が増していく。

💬 1　🔁　👁　🏯

BUSYOOニュース @busyo-news-topics
【1583年】賤ヶ岳の戦いで信長の後を巡り羽柴秀吉と柴田勝家が争う。秀吉が勝利。

💬 1 　　🔁 　　　🏆 　　　🎏

BUSYOOニュース @busyo-news-topics
【1584年】小牧・長久手の戦いが起きる。羽柴秀吉と徳川家康・織田信雄が戦う。

💬 1 　　🔁 　　　🏆 　　　🎏

BUSYOOニュース @busyo-news-topics
【1590年】小田原攻めが起きる。抵抗していた北条氏を秀吉が攻め、北条氏は滅亡。

💬 1 　　🔁 　　　🏆 　　　🎏

BUSYOOニュース @busyo-news-topics
【1592〜1598年】文禄・慶長の役。秀吉が明の征服を目論み出兵するも、秀吉の死後撤退。

💬 1 　　🔁 　　　🏆 　　　🎏

BUSYOOニュース @busyo-news-topics
【1600年】関ヶ原の戦いが起きる。東軍・徳川家康と西軍・石田三成が争い、家康が勝利。

💬 1 　　🔁 　　　🏆 　　　🎏

BUSYOOニュース @busyo-news-topics
【1615年】大坂夏の陣が起きる。家康が豊臣家を攻め滅ぼす。

💬 　　🔁 　　　🏆 　　　🎏

旧国名地図

かつて日本の行政区画は68の「国」に分けられ、さらに５つの国が集まった「畿内」と７つの「道」にまとめられていた。当時の国名は、いまも各地の地名などに残っている。

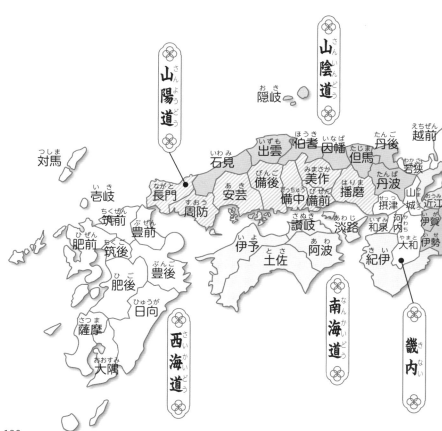

山陽道（さんようどう）

山陰道（さんいんどう）

南海道（なんかいどう）

西海道（さいかいどう）

畿内（きない）

隠岐（おき）

対馬（つしま）

壱岐（いき）

越前（えちぜん）

若狭（わかさ）

丹後（たんご）

但馬（たじま）

因幡（いなば）

伯耆（ほうき）

出雲（いずも）

石見（いわみ）

長門（ながと）

周防（すおう）

安芸（あき）

備後（びんご）

備中（びっちゅう）

備前（びぜん）

美作（みまさか）

播磨（はりま）

丹波（たんば）

山城（やましろ）

摂津（せっつ）

近江（おうみ）

伊賀（いが）

伊勢（いせ）

河内（かわち）

和泉（いずみ）

大和（やまと）

紀伊（きい）

讃岐（さぬき）

淡路（あわじ）

阿波（あわ）

土佐（とさ）

伊予（いよ）

筑前（ちくぜん）

豊前（ぶぜん）

筑後（ちくご）

肥前（ひぜん）

豊後（ぶんご）

肥後（ひご）

日向（ひゅうが）

薩摩（さつま）

大隅（おおすみ）

136

北陸道（ほくりくどう）

東山道（とうさんどう）

東海道（とうかいどう）

出羽（でわ）
陸奥（むつ）

佐渡（さど）
能登（のと）
越後（えちご）
越中（えっちゅう）
加賀（かが）
飛騨（ひだ）
信濃（しなの）
上野（こうずけ）
下野（しもつけ）
美濃（みの）
甲斐（かい）
武蔵（むさし）
常陸（ひたち）
尾張（おわり）
三河（みかわ）
駿河（するが）
相模（さがみ）
下総（しもうさ）
遠江（とおとうみ）
伊豆（いず）
上総（かずさ）
志摩（しま）
安房（あわ）

和暦・西暦対応表

和暦	西暦
文正 2 年 応仁元年	1467年
応仁 2 年	1468年
応仁 3 年 文明元年	1469年
文明 2 年	1470年
文明 3 年	1471年
文明 4 年	1472年
文明 5 年	1473年
文明 6 年	1474年
文明 7 年	1475年
文明 8 年	1476年
文明 9 年	1477年
文明10年	1478年
文明11年	1479年
文明12年	1480年
文明13年	1481年
文明14年	1482年
文明15年	1483年
文明16年	1484年
文明17年	1485年
文明18年	1486年
文明19年 長享元年	1487年
長享 2 年	1488年
長享 3 年 延徳元年	1489年
延徳 2 年	1490年
延徳 3 年	1491年

和暦	西暦
延徳 4 年 明応元年	1492年
明応 2 年	1493年
明応 3 年	1494年
明応 4 年	1495年
明応 5 年	1496年
明応 6 年	1497年
明応 7 年	1498年
明応 8 年	1499年
明応 9 年	1500年
明応10年 文亀元年	1501年
文亀 2 年	1502年
文亀 3 年	1503年
文亀 4 年 永正元年	1504年
永正 2 年	1505年
永正 3 年	1506年
永正 4 年	1507年
永正 5 年	1508年
永正 6 年	1509年
永正 7 年	1510年
永正 8 年	1511年
永正 9 年	1512年
永正10年	1513年
永正11年	1514年
永正12年	1515年
永正13年	1516年

和暦	西暦
永正14年	1517年
永正15年	1518年
永正16年	1519年
永正17年	1520年
永正18年 大永元年	1521年
大永 2 年	1522年
大永 3 年	1523年
大永 4 年	1524年
大永 5 年	1525年
大永 6 年	1526年
大永 7 年	1527年
大永 8 年 享禄元年	1528年
享禄 2 年	1529年
享禄 3 年	1530年
享禄 4 年	1531年
享禄 5 年 天文元年	1532年
天文 2 年	1533年
天文 3 年	1534年
天文 4 年	1535年
天文 5 年	1536年
天文 6 年	1537年
天文 7 年	1538年
天文 8 年	1539年
天文 9 年	1540年
天文10年	1541年

和暦	西暦	和暦	西暦	和暦	西暦
天文11年	1542年	永禄10年	1567年	天正20年 文禄元年	1592年
天文12年	1543年	永禄11年	1568年	文禄 2 年	1593年
天文13年	1544年	永禄12年	1569年	文禄 3 年	1594年
天文14年	1545年	永禄13年 元亀元年	1570年	文禄 4 年	1595年
天文15年	1546年	元亀 2 年	1571年	文禄 5 年 慶長元年	1596年
天文16年	1547年	元亀 3 年	1572年	慶長 2 年	1597年
天文17年	1548年	元亀 4 年 天正元年	1573年	慶長 3 年	1598年
天文18年	1549年	天正 2 年	1574年	慶長 4 年	1599年
天文19年	1550年	天正 3 年	1575年	慶長 5 年	1600年
天文20年	1551年	天正 4 年	1576年	慶長 6 年	1601年
天文21年	1552年	天正 5 年	1577年	慶長 7 年	1602年
天文22年	1553年	天正 6 年	1578年	慶長 8 年	1603年
天文23年	1554年	天正 7 年	1579年	慶長 9 年	1604年
天文24年 弘治元年	1555年	天正 8 年	1580年	慶長10年	1605年
弘治 2 年	1556年	天正 9 年	1581年	慶長11年	1606年
弘治 3 年	1557年	天正10年	1582年	慶長12年	1607年
弘治 4 年 永禄元年	1558年	天正11年	1583年	慶長13年	1608年
永禄 2 年	1559年	天正12年	1584年	慶長14年	1609年
永禄 3 年	1560年	天正13年	1585年	慶長15年	1610年
永禄 4 年	1561年	天正14年	1586年	慶長16年	1611年
永禄 5 年	1562年	天正15年	1587年	慶長17年	1612年
永禄 6 年	1563年	天正16年	1588年	慶長18年	1613年
永禄 7 年	1564年	天正17年	1589年	慶長19年	1614年
永禄 8 年	1565年	天正18年	1590年	慶長20年 元和元年	1615年
永禄 9 年	1566年	天正19年	1591年		

さくいん

※人物、できごと、用語について主要な説明があるページを記しています。
　表記されたページ以外にも、その語句が登場する場合があります。

画像出典 （カッコ内は初出ページ）

- 一休宗純画像（11）、足利義教画像（11）、足利義政画像（16）、北条早雲［長氏］画像（法体）（16）、斎藤道三［利政］画像（17）、三好長慶画像（22）、足利義輝画像（22）、顕如上人画像（23）、前田利家画像（30）、明智光秀画像［伝］（30）、足利義晴画像（31）、朝倉義景画像（43）、浅井長政室［織田氏］画像（48）、浅井長政画像（48）、徳川家康画像（58）、本多忠勝画像（武装）（58）、井伊直政画像（58）、武田勝頼画像　付：室北条氏・息信勝画像（62）、穴山信君画像（62）、吉川元春画像（66）、小早川隆景画像（66）、毛利元就画像（66）、毛利隆元画像（66）、豊臣秀吉画像（67）、長曽我部元親画像（68）、春日局画像（68）、織田信忠画像（77）、丹羽長秀画像（88）、伊達政宗画像（100）、加藤清正画像（110）、福島正則画像（110）、小早川秀秋画像（111）、毛利輝元画像（111）、石田三成画像（116）、徳川秀忠画像（117）、真田昌幸画像（124）
……上記はすべて東京大学史料編纂所所蔵模写

- 細川勝元肖像（10）……龍安寺所蔵
- 紙本著色 織田信長像（17）……長興寺（豊田市）所蔵、写真協力：豊田市
- 土佐光起筆「武田信玄像」（23）……山梨県立博物館所蔵
- 上杉謙信像（36）……米沢市（上杉博物館）所蔵
- 松永久秀像（42）……高槻市立しろあと歴史館所蔵
- 北条氏政像（101）……小田原城天守閣所蔵
- 真田幸村肖像（124）……上田市立博物館所蔵

- 山名宗全（11）……『本朝百将伝』（国立公文書館所蔵）
- 油売りの図（17）……菱川師宣 画『和国諸職絵つくし』国立国会図書館デジタルコレクション（dl.ndl.go.jp/pid/2541161）
- 「三好義興像（模本）」（22）……京都大学総合博物館所蔵（部分）
- 細川晴元（23）……『英雄三十六歌仙』（国文学研究資料館所蔵）
- 「長篠合戦図屏風（模本）」（27）……ColBase（colbase.nich.go.jp/collection_item_images/tnm/A-7104）
- 織田信長プロフィールヘッダー（30）……「南蛮人渡来図屏風」ColBase（colbase.nich.go.jp/collection_items/shozokan/SZK002339）
- 山本勘助（37）……「太平記英勇伝」「六十七」「山本勘助晴幸入道」東京都立図書館所蔵
- 武田信繁（37）、佐久間盛政（85）……『続英雄百人一首』（国文学研究資料館所蔵）
- 六角義賢（48）……「太平記英勇伝」「佐々木六角承禎」東京都立図書館所蔵
- 比叡山焼き討ちの図（56）……法橋玉山 画作『絵本太閤記』2、国書刊行会、大正6年、国立国会図書館デジタルコレクション（dl.ndl.go.jp/pid/917919）
- 武田勝頼プロフィールヘッダー（62）……歌川国芳 画「川中島合戦」1855年、東京都立図書館所蔵
- 山県昌景（62）……芳虎 画『絵本太閤記』初編、松延堂伊勢屋庄之助、1871年、国立国会図書館デジタルコレクション（dl.ndl.go.jp/pid/10303870）
- 里村紹巴（75）……『秀雅百人一首』（国文学研究資料館所蔵）
- 千利休（80）……野村文紹 著『肖像』1之巻、国立国会図書館デジタルコレクション（dl.ndl.go.jp/pid/2551759）
- 「唐獅子図屏風」（81）……ColBase（colbase.nich.go.jp/collection_items/shozokan/

SZK002944）

- 織田信孝（85）……『絵本英雄太平記』（国文学研究資料館所蔵）
- 柴田勝家（85）、滝川一益（93）……『絵本豊臣勲功記』（国文学研究資料館所蔵）
- 『大日本歴史錦絵』（89）…… 国立国会図書館デジタルコレクション（dl.ndl.go.jp/pid/9369963）
- 『賤ケ嶽七本鎗高名之図 福嶋市松』（94）……国立国会図書館デジタルコレクション（dl.ndl.go.jp/pid/1305467）
- 「長久手合戦図屛風下絵」（98）……ColBase (colbase.nich.go.jp/collection_items/tnm/A-9272)
- 織田信雄（96）……沢久次郎 編『[絵本]〔16〕太閤記小牧山合戦上』、明治17-20年、国立国会図書館デジタルコレクション（dl.ndl.go.jp/pid/883243）
- 北条氏直（101）……『英名百雄伝』（国文学研究資料館所蔵）
- 出雲阿国（106）……「阿国歌舞伎図」ColBase (colbase.nich.go.jp/collection_items/kyohaku/A%E7%94%B2546)
- 検地の図（106）……安藤博 編『徳川幕府県治要略』、赤城書店、大正4年、国立国会図書館デジタルコレクション（dl.ndl.go.jp/pid/980845）
- 文禄の役の図（112）…… 大河内秀元 筆記 ほか『豊臣朝鮮軍記実録』初編、諸芸新報社、明治15年、国立国会図書館デジタルコレクション（dl.ndl.go.jp/pid/772934）
- 「関ケ原合戦図屛風絵（模本）」（118）……ColBase（colbase.nich.go.jp/collection_items/tnm/A-9276)
- 大谷吉継（124）……著者不詳『関ケ原軍記』、鈴木喜右衛門、明治18年、国立国会図書館デジタルコレクション（dl.ndl.go.jp/pid/772843）
- 「大坂冬の陣図屛風（模本）」（127）…… ColBase（colbase.nich.go.jp/collection_items/tnm/A-9274) をもとに編集部作成

- イメージ写真、イラスト……写真AC、イラストAC、いらすとや

参考資料

- 『国史大辞典』吉川弘文館
- 『日本史広辞典』山川出版社
- 『戦国時代人物事典』歴史群像編集部（編）／学研プラス
- 『現代語訳 信長公記』太田牛一（著）、中川太古（訳）／中経出版
- 『現代語訳 三河物語』大久保彦左衛門（著）、小林賢章（訳）／筑摩書房
- 『山名宗全』山本隆志（著）／ミネルヴァ書房
- 『「不屈の両殿」島津義久・義弘』新名一仁（著）／KADOKAWA
- 『秀吉の虚像と実像』堀新、井上泰至（編）／笠間書院
- 『ここまでわかった！ 明智光秀の謎』『歴史読本』編集部（編）／KADOKAWA
- 『流れがわかる戦国史』かみゆ歴史編集部（編著）／ワン・パブリッシング
- 『戦国武将の解剖図鑑』本郷和人（監修）／エクスナレッジ
- 『日本の合戦 解剖図鑑』本郷和人（監修）、かみゆ歴史編集部（編著）／エクスナレッジ
- 『地域別×武将だからおもしろい 戦国史』小和田哲男（監修）、かみゆ歴史編集部（編）／朝日新聞出版

スエヒロ

京都出身。エンジニアとして働いたのち、ウェブ編集者に転身。大手ニュースメディアで編集業に携わる傍ら、歴史上の偉人や出来事と「現代あるある」をミックスした歴史パロディ画像を制作し、ネットに投稿している。NHKのSF時代劇『土方のスマホ』『光秀のスマホ』『義経のスマホ』制作協力。Twitter（現X）のフォロワー数は13万人を超える。

本郷和人

1960年、東京都生まれ。東京大学史料編纂所教授。専門は日本中世史。NHK大河ドラマ『平清盛』など、ドラマ、アニメ、漫画の時代考証にも携わっている。著書に『承久の乱』（文春新書）、『歴史学者という病』（講談社現代新書）、監修に『やばい日本史』（ダイヤモンド社）、共著に『「外圧」の日本史』（朝日新書）など多数。

戦国時代のタイムライン

2024年2月28日　第1刷発行

著　者	スエヒロ
監　修	本郷和人
装　丁	井上新八
本文デザイン	斎藤充（クロロス）
地　図	杉山和男（スギヤマデザイン）
編　集	白石圭
発行者	宇都宮健太朗
発行所	朝日新聞出版
	〒104-8011　東京都中央区築地5-3-2
	電話 03-5541-8832（編集）
	03-5540-7793（販売）
印刷所	大日本印刷株式会社

©2024 Suehiro
Published in Japan by Asahi Shimbun Publications Inc.
ISBN 978-4-02-251952-8